爆款

销售文案万能公式

4步让销量飙升

姜珊◎著

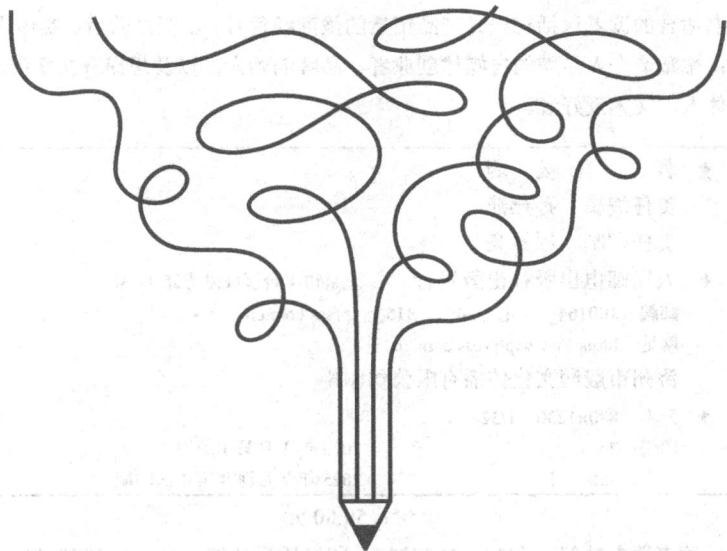

人民邮电出版社

北京

图书在版编目（CIP）数据

爆款销售文案万能公式：4 步让销量飙升 / 姜珊著.
北京：人民邮电出版社, 2025. -- ISBN 978-7-115
-65480-9

Ⅰ. F713.3

中国国家版本馆 CIP 数据核字第 2024DC7780 号

内 容 提 要

为什么你学了写作，还写不出爆款文案？为什么你的文案曝光量很好，但变现能力很差？这可能因为，你还没有掌握文案写作的基本技法——用特定的技巧将文字组合起来，形成一篇爆款文案。也可能因为，你还没有系统学习文案变现的写作公式——是的，无论是小红书文案、短视频文案、社群销售文案、电商文案、促销海报文案、朋友圈文案，还是AI文案……这些文案都有对应的写作公式。

本书不仅详细展示了各种文案写作技巧和公式，还会带你观摩文案变现实战案例，从而揭秘文案变现的底层密码。你将了解如何在六大场景中靠文案成功销售商品。拥有本书，就像拥有了一位文案大师朋友，陪你一起走进文案变现的世界。

本书适合的读者包括想提升产品销量的微商经营者、电商经营者、实体店店主、企业家；想塑造个人品牌的自媒体创业者、品牌创始人；以及想提升文案创作水平的新媒体人、文案爱好者。

◆ 著　　　　 姜　珊
　 责任编辑　 孙燕燕
　 责任印制　 周昇亮

◆ 人民邮电出版社出版发行　　北京市丰台区成寿寺路 11 号
　 邮编　100164　 电子邮件　315@ptpress.com.cn
　 网址　https://www.ptpress.com.cn
　 涿州市般润文化传播有限公司印刷

◆ 开本：880×1230　1/32
　 印张：7　　　　　　　　　　　2025 年 1 月第 1 版
　 字数：155 千字　　　　　　　　2025 年 7 月河北第 4 次印刷

定价：59.80 元

读者服务热线：(010)81055296　 印装质量热线：(010)81055316
反盗版热线：(010)81055315

人人学得会的成交文案创作法

2020年夏天，我的一位文案学员向我报喜，通过学习写文案，她不仅成功变现，还获得了很多之前从未想过的人生机会。有几家公司向她抛出了新工作的橄榄枝，也有创业者想与她合伙做生意，甚至她在跟我学习了几个月的文案写作后，自己也可以招收文案学员了。

文案让跟我学习的学员受益。通过学习写文案，一些实体店经营者将积压的库存快速售出，而且售价符合市场行情；一些大学生通过文案学习，投身电商事业，尝试创业；一些实体总代理通过文案塑造个人品牌，扩大了团队；还有一些青年通过投身短视频带货实现变现。

很多人以为，能够取得如此成就的文案写作高手，个个都天赋异禀、文采飞扬，实则不然。天赋可以帮学员快速迈入文案的世界，但推动他们在文案的世界快速成长的力量，是文案高手已经总结出的文案心得、文案技法和文案模板。

文案创作法已经被反复验证，它确实可以大幅提升成交率。

文案变现

文案变现不是什么高深的技能，但它却充满魔力。

文案对一个人生活的影响，有时直接体现为财富的增长，有时却是润物细无声地重塑了一个人的心性。

在接触文案之前，我单纯地喜欢写作20余年，并总结了一些文案心得和创作模板，把它们分享在网络上，意外地受到很多文案爱好者的关注，甚至有一些读者提出来，想付费向我学习如何用文案进行变现。就这样，在工作之余，文案为我打开了一扇新世界的大门。我也带领我的学员，教他们如何通过写文案，发现生活中不一样的美好，帮助他们通过文案变现，收获更多的财富。

文案不仅为我的童年、学生时代留下了美好的记忆，也为步入社会多年的我，提供了一个展示自己、帮助别人的广阔的平台。只要勤加练习，多多从利他的角度去想、去做，变现只是自我成长路上微不足道的收获。更珍贵的是，我们会通过文案遇见更深刻的自己。

本书特色

即使是初次接触文案的人，也可以通过学习本书里丰富的案例、可复制的文案模板、容易操作的文案技巧和方法，写出一篇不错的文案。如果是从事文案创作一定时间的读者，在阅读本书之后，也可以收获全新的启示和见解。

与其他同类型的图书不同，本书不仅是一本关于文案写作的书，更融入了我从事市场营销工作14年的经验，以及我对消费心理学的研究和思考。它是一本集文案创作、市场营销、消费者心理学于一体的图书。本书的文案知识体系既有专业理论支撑，同时又是我经过实战检验总结出来的，具备逻辑性、实操性。

怎样轻松读懂本书

本书分为基础篇、技法篇、实战篇，由浅入深，环环相扣。

在基础篇中，本书介绍了常见的文案误区，帮助读者重新认识文案，并且通过实战案例，解读文案是如何破解潜在客户的心理密码进而促成交易的。

在技法篇中，本书拆解了非常丰富的文案模型，带领读者挖掘文案的重点词句，并按照特定技巧将其组合在一起，形成一篇打动人心的文案。读者可以按照书中的文案模板，练习仿写文案、修改自己的文案，活学活用。

在实战篇中，本书介绍了当下核心的六大文案变现场景：小红书文案、短视频文案、促销海报文案、社群销售文案、电商文案、AI 助力的公众号文案，每一个场景都有详尽的案例；除此之外，本书也提供了进阶版的文案模板，供想打造个人 IP 的读者学习，如朋友圈文案的布局策略及写作方法。

本书从文案基础到文案技法，再到文案实战，层层递进，可以助力读者顺利完成从认知到练习再到实战的完美过渡。

编者

2024 年 11 月

目录

第9章　爆款文案：玩转六大写作场景　159

第一部分
基础篇

第**1**章

爆款文案好在哪儿

在信息爆炸的时代，文案的力量不容小觑。一篇爆款文案，能够迅速抓住人们的注意力，传递信息，甚至改变人们的认知和行为。那么，爆款文案究竟是怎么诞生的，又有哪些重要的特点呢？

本章将从 3 个方面帮你正确认识爆款文案、理解爆款文案的创作要点。

- 爆款文案的定义与特征。
- 爆款文案的创作要点。
- 避开误区，打造爆款文案。

1.1 爆款文案的定义与特征

爆款文案，就是能够迅速走红、广泛传播、产生巨大影响力的文案。

爆款文案的形式非常多样，它可能是一篇公众号文章、一篇朋友圈文案、一条视频的文案、一张海报的文案、一封销售信、一篇自我介绍，也可能是一篇访谈稿、一场直播的话术、一句广告语。

爆款文案通常具备以下几个特征。

强烈的吸引力：爆款文案往往能够迅速吸引人的注意力，让人一眼就能被它吸引。

高度的共鸣性：爆款文案能够触动人心，引发人们的共鸣，让人产生强烈的认同感。

出色的创意性：爆款文案往往具有独特的创意，让人耳目一新。

明确的目的性：爆款文案一般是为了达到一定的目的而存在的，比如推销产品、宣传品牌、倡导理念等。

1.2 爆款文案的创作要点

在研究大量的爆款文案后，我们可以发现下面这五大创作要点，其是帮助文案从普通到惊艳的核心武器。

这五大创作要点分别是：**精准的定位、独特的价值观、有力的内容、优秀的表达方式、情感连接**。

我们以一篇爆款文案为例，看看其是如何应用这些创作要点，吸引受众，并产生深远影响的。

案例：网易严选的"好的生活，没那么贵"广告。

精准的定位：网易严选的目标受众是追求品质生活，但又不想花太多钱的消费者。

独特的价值观："好的生活，没那么贵"是非常吸引人的价值观，它传达了网易严选在提供高品质商品的同时，还提供相对低的价格。

有力的内容：网易严选的文案和广告通常聚焦于商品的高品质和合理的价格，展示了网易严选对消费者的诚意和承诺。

优秀的表达方式：网易严选的文案简洁明了，与精美的产品图片和视频相结合，传达了品牌的专业性。

情感连接："好的生活，没那么贵"激发了消费者对品质生活的追求，这种情感上的共鸣，使人们更容易接受和传播品牌信息。

可见，确定精确的定位，然后通过突出的标题、独特的价值观、有力的内容、优秀的表达方式、与受众建立情感连接来吸引、留住目标受众。这些文案的成功也证明了解并应用爆款文案的创作要点，可以帮助品牌在竞争激烈的市场中脱颖而出。

1.3　避开误区，打造爆款文案

文案写作是需要经验和技巧的工作，在娴熟掌握写作技巧之前，新手最需要攻克的是一些容易出现的认知误区。

1. 灵感是等来的

新手作者很容易遇到的第一个认知误区，即误以为灵感是可遇而不可求的，如果此时没有灵感，那么他就完全没有办法开始写作。

灵感到底是什么？百度百科中对灵感的解释为："灵感，也叫灵感思维，指文艺、科技活动中瞬间产生的富有创造性的突发思维状态。"

灵感是一种突发的思维状态，它的出现常常出人意料，因此让很多人误以为灵感是可遇而不可求的。然而，事实上，灵感经常诞生于生活中非常常见的场景里，我们不需要被动等待灵感降临，而可以主动在这些场景中思考，激发灵感的诞生。

有一家外国公司曾经做过"什么时候最容易产生创意"的测试，结果发现，排在前 8 位的容易产生创意的时刻为：

- 上厕所时；
- 洗澡或刮胡子时；
- 上下班在公交车上时；
- 快睡着时或刚睡醒时；
- 参加无聊会议时；
- 休闲阅读时；
- 进行体育锻炼时；
- 半夜醒来时。

如果你与灵感的约会迟迟没有成功，不用妄自菲薄，误以为自己不是写作的料，也不用继续无休无止地等待。在本书中，我会为你提供帮助灵感源源不断到来的好方法，让你的写作过程更加流畅。

2. 作者想写的 = 读者爱看的

有一次，我的一位学员兴致勃勃地发了一篇朋友圈文案给我，并且期待我会给她点赞。结果，我读了之后，却告诉她："你写得很'甜'，但是标题需要再改改。因为读者读了你的标题，就会判断出你的目的是'秀恩爱'，很少有人对别人的恩爱感兴趣。"

那么这个被人一眼就看出是在"秀恩爱"的标题，是什么样的呢？她写的是：爱学习，好老公。

回想一下，你是不是经常看到"秀恩爱"的朋友圈文案？同样的内容，有些人写出的文案，让我们忍不住心生佩服、备受鼓舞并且点赞留言；有些人写的文案却恰恰相反，充满了"高调""作秀""炫耀"，让人毫无兴致，甚至心生厌恶。

这二者的差异到底在哪里呢？答案是写作角度。

当我们写一篇文案时，如果站在为读者提供价值的角度去写，我们希望读者能从我们的文字中获得信息、干货、正能量、经验，那么我们的文案从标题到正文都会**以提供价值为主，是"与读者有关"**的。

当我们写一篇文案时，如果站在炫耀自己的生活多么优越、炫耀自己的孩子多么优秀、炫耀自己的业绩多么出众的角度，那么字里行间流露出来的情绪，都是浓浓的炫耀，而且"与读者无关"。这些炫耀就是我们常说的"自嗨"，读者一般会对此类文案产生反感。

因此，新手作者一定要建立的一个写作认知，就是销售类型的文案一定要"与读者有关"，而不是仅仅表达自己的喜怒哀乐，却没有让读者在阅读后获得价值。

3. 爆款文案没有模板

在很多新手的认知里，一篇文案要成为爆款，是一件对写作水平要求非常高且非常随机的事情。只有那些具备深厚的写作功底的人，才可能写出爆款文案。因此，很多新手作者不敢想象自己的文案会成为爆款，他们认为即使自己全力以赴，也难以获得很高的阅读率和转化率。也有一些新手，虽然内心深处很想写出广泛传播、人人称赞的文案，但是却不知道从何处入手。

写出一篇爆款文案，一定需要异于常人的写作天赋吗？

其实，不一定需要。在我的学员中，有一些既没有写作经验也没有写作天赋的学员，在学习中因为**掌握了正确的写作技巧，并且持续训练写作**，同样写出了阅读率和转化率非常高的文案。

别忘了，**一篇文案是否成为爆款，归根结底，取决于读者，而不是文学评论家。**

只要能写出符合读者期待、打动读者的文案，就可能创造爆款文案。爆款文案并不是写作大师的"专利"，新手同样有机会。

一篇文案具备某些特定的条件后，变成爆款的概率会大幅提高。我曾细细研究帮助文案成为爆款的特定的条件，发现这些条件有很强的规律性。**分类整理这些条件，提炼其中的共同特点，就会形成文案模板。**

通过应用这些文案模板，新手不仅可以在较短的时间内写出令人称赞的文案，甚至还能大大提升文案成为爆款的概率。

第2章

洞察人心，找准定位

一篇好文案的销售威力，常常令人惊叹不已。文案的目的就是做到高效沟通，引起客户对产品的兴趣，触动客户的内心，从而达到让客户从对产品建立认知到最终购买的效果。因此，要想通过一篇好文案变现，离不开对产品的合理解读和与客户的有效互动。

本章将从3个维度，帮助创作者建立对文案的核心认知。

- 如何深入了解客户需求：学会用文案精准表达产品价值，传达客户价值。

- 文案定位：找到与客户的共鸣点。

- 文案的两种情绪表达：学会理解客户的心理，用文案促成交易。

一篇销售力强的文案，既能向客户有效传递产品的价值，又能站在客户的角度，激发客户想象拥有产品之后的美好生活。

2.1 如何深入了解客户需求

好文案是一座桥梁，一端连接着优势突出的产品，另一端连接着等待解决需求的客户。客户与产品连接起来，才能促使客户采取购买行为。而无效的文案却像是一座断桥，要么无法精准表达产品的优势，要么没有吸引有需求的客户。客户与产品之间缺乏连接，产品只能积压在仓库里，无人问津。因此，创作者要明白，一篇文案要想连接产品与客户，就要站在客户的角度，了解客户的需求，找到产品与客户需求的连接点。

2.1.1 产品卖点 ≠ 客户价值

在传递产品的价值时，文案作者常常容易犯的错误，就是堆砌产品卖点。令人遗憾的是，这样的文案不会获得非常好的销售结果。为什么产品卖点大集合式的写法难以打动客户的心呢？

下面举几个例子，解答这一疑问。

（1）××冷敷凝胶，富含名贵中草药：红景天、地肤子、苦参、蛇床子、益母草、诺丽果、蔓越莓、金银花、蒲公英。

（2）"黑科技"××眼膜首发在即，特别添加玻色因、黑松露成分，只为颠覆而来！

（3）青梅精，中医古法泡制青梅，去除了它不利于人体的方面，充分发挥了它的功效。客户都说好！

前两条文案中的"富含名贵中草药""特别添加玻色因、黑松露成分"，表达的是产品的用料很珍贵，商家为了保证效果，不惜花费巨大成本。可是客户读了之后，却感觉一头雾水：你的用料再珍贵，与我有什么关系呢？每一种成分究竟能起到什么样的作用呢？客户最想知道的问题，该文案却没有对此进行说明。

第三条文案在商家看来，他们选用了中医古法来泡制青梅，这本身就是最大的卖点，属于工艺的改良，在市面上是独一无二的。可是客户更关心的是，这种工艺到底能给自己带来什么好处？到底去除了哪些不利于人体的方面？又有什么显著的效果？但在文案中，依旧没有提供答案。

产品卖点≠客户价值。一款产品对客户的价值，是它可以帮客户解决现实生活中的问题和麻烦。这款产品可能有几个产品卖点，每一个产品卖点对于客户来说，可以解决什么问题，这是客户最关心的。

有一句经典文案，精准传递了客户价值。

2020年父亲节期间，华为在宣传P40系列手机时，推出了一部视频广告片《长大吧！老爸》，讲述了爸爸不为人知的另一面。他有多爱你，就有多可爱。

广告中，一位爸爸陪伴女儿成长，给予女儿无微不至的关怀，抱女儿去医院、给女儿送保温汤，也因为目睹女儿有了男朋友后心里不是滋味。最终在女儿毕业典礼上，爸爸陪着女儿拍毕业照，镜头中却意外出现了"不速之客",也就是女儿的男朋友。老爸看着拍好的照片,眉头皱紧,趁着女儿不注意,痛快地做了一件有点孩子气却非常可爱的事情。老爸使用了华为 P40 系列手机自带的"AI 精彩瞬间,路人自动移除"功能,把这个"煞风景"的男朋友当作路人给移除了,照片中只保留了温馨的爸爸和女儿。

这样温情而不煽情的剧情和反套路的结尾,让这部广告片赢得了很多爸爸们和女儿们的共鸣。更巧妙的是,让观众在最后几秒记住了华为 P40 手机的强大功能:可以将拍好的照片中的一些"不想要的东西"去掉,呈现客户最想要的画面。

整部广告片仅有一句文案,却是画龙点睛之笔,既总结了父爱,又解释了产品卖点对于客户的价值。这句文案是这样写的:

世界上最不小气的人,也最小气。

其实,不只是温情的父亲,世界上每一个拍照的人都是一样的心情。他们原本是"世界上最不小气的人",可是因为对拍摄效果追求完美,都"最小气"地希望照片中不会出现瑕疵。而华为 P40 系列手机的"AI 精彩瞬间,自动移除路人"功能,正好可以提供这样的客户价值。

2.1.2 客户买的,不仅仅是产品,还有美好生活

很多时候,客户看到广告文案,因而对这个品牌的产品产生了兴趣,并且对拥有这款产品之后的生活充满了期待和想象。然后,在某个合适的时机(比如在某个场景下需要用到这款产品,或者遇到促销活动时)购入。在这个过程中,文案就像一个放大器,放大了客户价

值，激发了客户心底的渴望。

很多商家之所以在创作文案时，沉醉于介绍产品本身的优势，是因为误以为客户买的就是产品本身。因此他们认为，只有当这个产品足够好时，才能够让客户心甘情愿地付款购买。

而事实上，很多商家都不明白，**客户买的，不仅是产品本身，也不是解决方案，而是拥有这款产品之后的"美好生活"。**

尤金·施瓦茨在《突破性广告》中说道："文案无法创造购买商品的欲望，只能唤起原本就存在于百万人心中的希望、梦想、恐惧或者渴望，然后将这些'原本就存在的渴望'导向特定商品。"

2021年，有一部城市宣传片燃起了无数年轻人的斗志。它就是由深圳市人才工作局与深圳市人才集团有限公司共同出品的《深圳脚步》。这部宣传片的主旨是通过展现深圳精神，招募更多人才落户深圳，相当于销售的是"深圳人"这个身份。

这部宣传片一经问世，就被很多年轻人评价为最富有激情、最青春洋溢、最幽默十足的城市宣传片。它的文案也充满了金句，几乎每一句都直击年轻人的内心，激发年轻人对于未来的美好遐想。

世上本没有深圳，

你们来了，便有了深圳。

深圳市从一个名不见经传的小渔村，发展为"世界之窗"，离不开每一个为梦想打拼的"深圳人"。在这座城市的发展历程中，深圳求贤若渴，诞生过非常多优秀的宣传文案。像"来了就是深圳人""深爱人才，圳等您来"，都是人们耳熟能详的宣传文案。

你我的脚步，深圳的进步。

作为个体，当自己的拼搏不只与自己的梦想相关，更与一座城市息息相关，与这座城市同呼吸、共命运时，就会在心底燃起斗志，自豪感也油然而生。

从以上的案例，我们可以更加清晰地理解，文案的使命是通过放大客户使用产品后可以享受到的美好生活的一个片段，来激发客户对未来的遐想和渴望，从而达到促使客户购买产品的目的。客户想买的不是产品，而是美好未来。

2.2 文案定位：找到与客户的共鸣点

对于文案创作者来说，在撰写文案时，不仅要懂客户，更要让自己写的文案能被客户看懂。客户只有把广告文案读完，才有可能接收文案中的信息，才有可能认可文案中传递的观点和描绘的未来，才有可能对这些美好未来产生渴求，进而购买文案宣传的产品。

从这个角度来说，**让客户读完文案，是文案成交的重要前提。**

对于文案创作者来说，简单的文案写起来不那么吃力，即使是新手也容易上手；对于客户来说，简单的文案读起来很轻松，毫无压力就可以理解其中的内涵。这是双赢，更是在快节奏生活下的一种趋势。

读到这里，可能有读者会产生疑问：怎么才算简单直白呢？

简单直白是指在词汇方面，使用普通人容易理解的常用词汇，而尽量避免使用难懂、复杂的生僻词汇；在句式方面，尽量用便于理解的简单句、短句，避免使用冗长的句子、难以理解的复杂的句式。

2021 年，春节广告非常不好做，以往从回家的路上寻找广告灵感的方法失灵了，但是人们对回家的向往、与家人团聚的期待依旧强烈，怎样能把这种情感和自身产品融合在一起呢？

小红书发现，2020 年，有超过 2 000 万篇笔记与做饭有关，做饭是用户非常喜欢的主题，而这些笔记里，藏着非常多与爱有关的故事。于是，小红书发布了广告片《为爱做饭》。这部广告片用简单平实的文案，不虐心、不煽情、不秀恩爱，把所有的爱融在了一餐餐色彩丰富、营养均衡的饭菜里。

爱，是什么样子的

有时候，大动干戈

有时候，不动声色

有时候，很呛人

有时候，很挑剔

爱，是一种治愈力

爱，是一场历险记

爱，会翻车，翻车，甚至无数次翻车

但爱，就是爱啊

在这部广告片里，所有的文字都流淌着质朴的爱意，不似香水般浓烈，却似溪水般绵长。其中几个做饭的小故事，都流露出了人们在平常生活中的真情实感。更巧妙的是，文案非常简练，多处使用了一语双关，说的既是爱的样子，又是为爱做饭的样子。

比如，爱的样子，有时候"大动干戈"。它可能是鸡飞狗跳的激烈争执，也可能是在厨房里与坚硬食材的一决胜负。

爱的样子，有时候"不动声色"。它可能是全世界都知道、只有你不知道的我爱你，也可能是在厨房里静静煮一碗爱心面。

爱的样子，有时候"很呛人"。它可能是充满火气的忠言逆耳，也可能是爆炒辣椒的味道。

爱的样子，有时候"很挑剔"。它可能是情人眼里容不下的一粒沙，也可能是做饭人眼里容不下的一条虾线。

为什么说"爱，是一种治愈力"？当女孩为心爱的人做饭时，不小心被菜刀划破手指，她贴好创口贴，继续做饭。因为爱不仅可以治愈小伤口，还可以治愈我们心灵的创伤。

为什么说"爱，是一场历险记"？因为初次下厨的男生为女生做饭时，和油烟四起的炒锅展开了"战斗"，同时"历险记"也暗指爱是一场充满挑战的历险。

"爱，会翻车，翻车，甚至无数次翻车"，讲述了女儿给妈妈烘焙面包时一次次的失败，一次次的翻车，同时也暗指爱的旅途会一次次遭遇的失败。

虽然爱这么有挑战，"但爱，就是爱呀"。爱在生活中的表现，就会很具体。我们每天都在"做饭"的这件事，就是爱的表现。

2.3 客户愿为两种情绪买单

当我们成功唤起了客户的购买欲望时，并不意味着客户就会产生购买行动。因为心动和行动之间，隔着一扇门。每一位客户的心门上，都有一套密码锁，如果不能找到密码，就不能打开客户的心门，按下购买按钮。

当我们面对多种多样的商品，之前无论我们用什么样的理性思维去做判断，最后促使我们下单的，大多数都是基于"我喜欢""过了这个村没这个店"的感性思维。

从心理学的角度，我们更容易解读上面这段话。心理学研究发现，人的一般心理活动过程可细分为：认识过程、情绪情感过程、意志过程。客户面对商品时，也会面临相似的心理活动过程。通过品牌广告或者实体产品的展示介绍，客户对商品的信息进行加工分析，形成了基础认知。然后基于这些基础认知，在与产品的互动过程中，客户产生了情绪情感过程（比如喜欢/向往、不喜欢/厌恶、没感觉/忽视等），从而最后影响到意志过程，也就是付诸行为（购买或者放弃购买等）的过程。

即使是非常理性的客户，在决定购买之前，也不可避免地会调用感性思维。也就是说，**真正促使客户打开心门的密码，其实是感性思维，而那个影响其按下购买掉按钮的力量，就是感性思维带来的强烈情绪。**

著名营销大师菲利普·科特勒在《感性消费》中是这样定义感性消费的：它是在人类进入经济发达、生活富裕的后现代社会时，产生的一种新型的消费形式。具体如何理解呢？经济发展使人们的生活水平不断提高，同时，也给人们带来了快节奏的生活、高度紧张的工作和沉重的心理压力，于是人们开始重视闲暇生活的质量，人们开始关注精神生活的内容和情感的需要。于是在消费行为上，人们形成新的行为模式：**购物时主要凭借个人主观感受，不愿意货比三家、价比三家，希望购物过程更加轻松、愉快。**

这种感性消费的解读，对销售文案的写作具有非常重要的指导意义，也能帮助我们从另一个角度理解很多客户的行为。

那么，有哪些情绪容易与客户产生共鸣呢？在多年的文案写作经历中，我发现有两种情绪，当把它们融入销售文案时，就非常容易让客户产生代入感，让客户产生共鸣。为了方便记忆，我们可以用两个简单的词语来概括这两种情绪——希望和恐惧。

1. 希望是对美好生活的强烈渴望

例如，我希望自己变得更美、更幸福、更富有；我希望房间更整洁、空间更大、有更多我喜欢的收藏品；我希望家人更健康、更轻松；我希望祖国更富强、家乡发展得更好；我希望自己能拥有更多选择自由、更成功、更自信；等等。

当文案中流露出这些积极情绪时，会唤醒客户对这些美好的渴望。客户希望通过拥有这件商品，让希望之光照进现实，帮助自己美梦成真。

2. 恐惧是为了远离痛苦的自我保护

例如，我们会担心自己和家人的身体或者心理产生疾病，也会担心自己的人身安全和财产安全面临风险；我们会担心与爱人和亲人长久的分离，也会担心孩子长大后没有养活自己的本领；我们会担心职场升职加薪不顺利，也会担心面临生活挑战时，自己没有能力应对。

当文案中描写出与客户的恐惧匹配的情绪时，会触发客户对有可能发生的损失的厌恶和规避行为。客户希望通过拥有这件商品，避免噩梦降临，从而维持目前平稳而安宁的生活。

是不是每一种商品的销售文案，都可以传递这两种情绪呢？答案是"不是"，但是，如果文案传递两种情绪的一种，并且情绪非常饱满的话，那么成交率就会大幅度上升。如果同时传递了两种情绪，比如先描写恐惧，再描写希望的话，成交率还会进一步提升。

我们先看一个传递希望情绪的文案案例。一家篮球培训机构想要招收学员，如果我们使用希望情绪，文案可以这样写：

你是否在心里藏着一个篮球梦？篮球比赛时，你是否希望自己为团队贡献更多的得分？关键比赛时，你是否希望凭借自己的篮球技术，首发出场？如果你有这样的希望，可以参加我们的篮球培训课，有专业教练一对一指导，点亮你的篮球之路。每一次训练，都是你技术提升的阶梯，让你在篮球赛场上创造更多的可能！

我们可以先描绘客户脑海中最希望发生的场景，例如获得更多得分、实现首发出场，然后介绍自己的产品，以及使用产品之后的美好生活。

同样是卖篮球培训课，如果我们使用恐惧情绪，那么应该怎样写文案呢？

篮球比赛时，你是否因为自己的技术不足而上不了场？或是遇到关键比赛时，频频出手却得不到分？如果你有这样的困扰，可以参加我们的篮球培训课，有专业教练一对一指导，针对你的弱项进行强化训练，提升你的篮球技术水平，让你的篮球梦不再遥远！

恐惧情绪文案的写作方法，是先描写客户担心的糟糕场景，例如上不了场、投不进球，然后引出产品，介绍产品的优势，展示使用产品之后的美好。

那么，有没有应用"恐惧＋希望"的组合拳的文案案例呢？我们还以篮球培训课为例，文案可以这样写：

篮球比赛时，你是否因为自己的技术不足而上不了场？或是遇到关键比赛时，频频出手却得不到分？如果你有这样的困扰，可以参加我们的篮球培训课，有专业教练一对一指导，针对你的弱项进行强化训练。

每一次训练，都是你技术提升的阶梯。经过长期的训练，你的投篮命中率将有所提高。如果你的篮球技术过硬，你可能作为团队的主力选手参加更多重要比赛。你将可能在篮球赛场上，成为团队的"得分王"，并且帮助你的队伍赢得更多比赛。现在就来参加我们的篮球培训课吧！每周仅需要2节课，就能让你在篮球赛场上创造更多的可能！

如果你学会了在文案中适度地通过希望和恐惧的情绪来引导客户，那么你的文案就可以更快地破解客户的心门，显著提升文案的转化率。

第3章

文案成交的心理密码

文案是连接产品和客户的桥梁。优秀的文案能够深深打动人心，促使客户产生购买行为。而要写出这样的文案，关键在于掌握客户的心理密码。心理密码，即那些能够触动人们情感、激发购买欲望的心理因素。

本章主要介绍3个非常重要的心理密码，以及突破1种文案困境的方法。

• 明确成交链路：掌握成交的链路，以及应该在每个环节解决的问题。

• 掌握"排队起飞"心理术：明白客户排队成交的底层原因，知道怎样设计成交的路径。

• 善用情感驱动成交法：理解成交是由2种核心情感需求驱动的。

别用"扎心文案"：明白扎心文案很难促成交易的心理学原理。

注意 ✏️

本章文案中涉及的产品仅为引用，不代表对相关产品的推荐。

3.1 明确成交链路

一位客户从对产品毫无了解到最终购买产品，其实是在沿着一条固定的路径前进。我们可以给这条路径命名为"成交链路"，如图3.1所示。

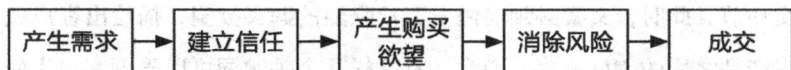

产生需求	→	建立信任	→	产生购买欲望	→	消除风险	→	成交

图3.1　成交链路

1. 产生需求

客户要进入成交链路，第一步是产生需求。这个需求可以是对一个产品的需求，也可以是想与一个人结识的需求，甚至可以是对一种情感的需求。

举个例子，张先生要去参加一个高端沙龙，但是他现在缺一套适合参加沙龙的服装，那么他就会对既正式又帅气的服装产生需求。

同时，张先生参加这场沙龙，实际上是想结识某个嘉宾，于是他想要送给这个嘉宾一份见面礼。因为张先生对结识一个人有需求，所以会产生购买行为。

一个人如果没有产生需求，是很难发生后面的购买行为的。因此文案创作者要注意挖掘客户内心世界的真实需求。

2. 建立信任

客户有了需求，并不会立刻成交，他会考虑这个产品到底有没有效果，是不是像描述的那样安全可靠，会不会上当受骗。

只有当客户对产品建立了信任，他才会进入下一个环节。

因此，在这个阶段，文案往往是通过权威背书、事实证明、客户证言、名人推荐等方法获取客户的信任。

3. 产生购买欲望

当客户产生需求，并且对产品建立信任之后，并不会直接进入成交环节。此时，文案必须要激发客户强烈的购买欲望，描绘出客户获得产品之后的美好未来。通常，有这样几个关键词可以告诉客户为何要购买这个产品，那就是更轻松、更健康、更高效、更安心。

通过文案的描述，客户对未来产生了美好的想象：自己辅导孩子功课更轻松了、自己的身体更健康了、自己的时间管理更高效了、自己可以更安心地享受生活了……

4. 消除风险

即使未来的美好想象让客户充满期待，但是客户同样对可能出现的风险万分谨慎。客户会想：如果你给我的产品和宣传不一样怎么办？如果我使用了，没有效果怎么办？如果我买贵了怎么办？如果我买回去发现不合适怎么办？

文案创作者可以把风险转移到卖家身上，给予客户一定时间内无理由退货的承诺。除此之外，分期付款、货到付款也是非常好的方式，可以打消客户的顾虑。

5. 成交

在这个阶段，即使客户觉得购买毫无风险，他也未必会在此时购买。他可能还想等一等，再对比一下别人提供的价格和服务，或者想把自己的资金用在别的地方，以后再来购买产品。

为了尽快成交，文案创作者可以给客户现在购买产品的理由。这些理由包括提供优惠、赠品等。

具体每个环节的文案要怎样写，会在后面的篇章里为你一一揭晓。

3.2 掌握"排队起飞"心理术

我们只有掌握了客户购买产品的底层逻辑，才能设计出打动客户的文案。

"排队起飞"心理术，可以帮助我们破解成交的底层密码。

试想一下，你想要从大连到拉萨，你会选择哪种交通工具？第一个跃入脑海的选项，大概率是飞机，对吗？

那么当你购买了从大连到拉萨的机票，准备乘坐 MM001 次航班（航班号是虚构的）时，你听到了一则播报："从大连始发，到长春的 MM008 次航班即将起飞，请旅客朋友们抓紧时间登机。"你会去排队登机吗？

这时，你又听到了一则播报："从大连始发，到拉萨的 MM001 次航班即将起飞，请旅客朋友们抓紧时间登机。"你会去排队登机吗？

这和文案成交有关系吗？关系很大。

第一，为什么从大连到拉萨，你选择了飞机，而没有选择其他交通工具？因为路程远以及为了节省时间。

第二，为什么你没有乘坐大连到长春的飞机呢？因为你的目的地是拉萨，不是长春。

第三，为什么播报提示从大连到拉萨的飞机要起飞了，你会去排队登机呢？因为你知道，这次航班可以帮你抵达目的地。

试想一下，当客户想要达到某个目的地，其间的距离是不是很远，就像从大连到拉萨一样。

如果现在，有这样一架飞机，始发站和终点站正好和客户的始发站和终点站相同，而这架航班的名字可能是产品 A、课程 B 或者其他的产品和服务，当客户听到播报提示后，客户会去排队登机吗？会！

因此，你发现"排队起飞"心理术的魔力了吗？如果你能用文案准确描述出从始发站到终点站的旅程，并且告诉你的客户，你的产品就是那架飞机，那么只要费用在客户的预期范围内，客户就会开心地准备排队起飞。

你可能会问，这是很理想的状态，即始发站和终点站恰好和客户的目标一致。如果不一致怎么办？别忘了，飞机有直达，还有换乘。哪怕我们的产品不能帮助客户直接到达他的目的地，我们帮他到达距离目的地非常近的一个站点，客户接下来换乘另一架飞机（比如使用另一种产品），也可以到达目的地，客户也会开心地接受。

那么在文案上，我们要怎么使用"排队起飞"心理术呢？例如，一些创业者想通过互联网平台宣传自己的项目，就需要学习短视频拍摄剪辑课程。短视频拍摄剪辑课程的招生文案，就可以这样写（播放数据、视频数量需要根据真实情况填写）：

从短视频小白，到成为多次产出爆款视频的博主（单条视频播放量超过 × 百万的视频有 ×× 个），我们团队一路走来，总结了以下几个可以复制的短视频拍摄方法。我们对这些方法进行了系统的整理，多次测试，打磨出了"短视频高手训练营"系列课程，如果你也想自己的短视频更容易获得更多的曝光量，可以报名参加我们的课程。

这架飞机的起点是短视频小白，终点是多次产出爆款视频的博主，飞机的航班就是"短视频高手训练营"系列课程，想要到达这个目的地的用户，就会考虑排队等待起飞。

3.3 善用情感驱动成交法

很多人以为，人们做出购买的决定，是理性思考的结果。例如客户会进行理性的分析，我现在需要解决什么问题，什么产品最适合我，这个产品的成分是什么，这个产品有什么功能，这个产品的价格是否有优势……有些客户甚至会制作对比分析表，详细列出市场上每种产品的优劣势和价格，然后进行非常理性的分析，最终选择其中的一款。

然而事实往往让人意外，在这个对比分析表里，优势最明显的产品，最终不一定被客户选择。而且，更多的客户根本不会进行这样细致到"烧脑"的对比。

客户只关心一个需求（极少的情况下是两个需求），这个需求是客户的核心需求。只要产品能够满足客户的核心需求，客户就愿意下单。哪怕产品的劣势非常明显，客户也会为了核心需求买单。

听起来有点不可思议。其实，下单是由情感驱动的，而不是理性判断。别忘了，客户愿意为他的核心需求买单。那么，什么是客户的核心需求呢？总结起来，最重要的有两点：**帮助客户解决他当下的难题，或者帮助客户实现他未来的梦想。**

我们先看客户的第一个核心需求：解决他当下的难题。

如何用文案与客户的这种期待产生共鸣呢？我们不必浓墨重彩地描述产品的物理属性（如课程数量很多，比市面上的课多5节），而可以多展示产品的成功案例，让客户知道产品是如何解决客户当下难题的。

例如，某企业之前一直使用人工计数的方法，分析客户购买数据。员工每天的工作量非常大，效率很低，准确率也不高。通过学习我们的课程，这家企业的员工掌握了使用 Excel 表进行统计分析的方法，大大提升了其工作效率和准确率。员工日常工作时，也不会总是觉得工作太复杂，工作积极性也显著提升了。

此时，如果客户当下也面临类似的难题，他就容易产生共鸣。

我们再看客户的第二个核心需求：实现他未来的梦想。

例如，小玲一直有一个"销冠"梦想，她通过对自己的剖析，发现自己的转化率不高，是因为自己的谈判能力不强。

这时，如果有一门有关"提升销售谈判技巧"的培训课，并且课程宣传文案中还展示了之前学员通过学习谈判技巧，大大提升了自己的客户转化率，甚至成为团队的销冠的案例，那么，小玲看到这些文案时，想当"销冠"的梦想可能会被再度点燃，考虑报名参加课程学习的概率也会越大。

情感驱动成交法告诉我们，文案创作时，不需要把过多的精力用在产品优势的描写上，而应该从情感导向出发，多去描绘产品如何解决当下问题、帮助客户收获美好未来，用情感的力量打动客户，激发客户的购买欲望。

3.4 别用"扎心文案"

很多商家误以为，客户没有发生大量的购买行为，是因为商品的文案不够"扎心"。因此，他们在撰写文案时，力求一针见血，甚至针针见血，想要以此来刺痛客户，刺激客户为了摆脱这种痛苦的境地而购买商品。

然而，这样的"扎心文案"，效果不但没有预想的好，甚至容易让客户产生逆反心理，排斥这个商品或者这个品牌。

你可能会想，真的是这样的吗？让我们来看一个简单的案例。

32岁的张女士去理发，20岁出头的理发师一边给张女士理发，一边说："姐，你这白头发挺明显的，应该染一染，不然显老。"张女士撇撇嘴，说了一声"哦"。直到理发完毕，张女士也没有选择染发，连理发师推销的会员卡也没有购买。张女士事后说："就算他免费赠送染发服务，我也根本不会考虑。开玩笑，他竟然说我老！"

由此可知，当被人正面说中缺陷时，他的第一反应一般不是解决这个痛点，而是逃离这个让自己尴尬的境地。这也是很多"扎心文案"虽然被人称赞"扎"得够狠，转化率却不高的根本原因。

曾经有一个测试，把长相普通的志愿者分成 A、B 两组。A 组成员每天要看放大了自己脸上缺陷的照片，比如粗大的毛孔、粉刺、痤疮、斑点等，B 组成员则每天看修饰后的照片。几天之后，A 组成员表现为情绪低落、食欲低下，甚至有成员表示后悔参加了这个测试；而 B 组成员的情绪高涨，精神状态很好，做事情的效率大大提升。

无独有偶，有一个化妆品公司也做过类似的测试，他们找来两批不同的消费者，分别给其看两组不同的照片，然后阐明自己购买这种化妆品的可能性。第一组看客户使用该化妆品前后的脸部对比图，比如左边是一张有痘印和痤疮的脸，右边是使用该化妆品后的一张光滑洁净的脸；第二组只看使用化妆品后的脸部图片。测试结果让化妆品公司感到意外，第二组的消费者愿意购买该产品的意愿更强烈。因为第二组消费者更愿意想象自己的肌肤未来也会变得如此细腻有光泽，而第一组的消费者会难以自拔地陷入"原来我的皮肤像她一样糟糕"的联想中，对自己产生否定情绪。

我在教学员写文案时，也会提醒他们别用"扎心"的写作方法，相反，我会鼓励他们多去描写美好的未来场景。

因此，即使文案创作者把"扎心文案"写得酣畅淋漓，让与之无关的人读后津津乐道，但对真正处于如此境地的客户来说，却相当于把他的疤痕公之于众。商家自以为理解客户，说出了客户的痛处，然而客户却只希望将商家永远"拉黑"。因为在受伤的客户心中，舍得"扎"他一次的人，还会自然而然地"扎"他第二次、第三次……

第二部分
技法篇

第4章

技法1：揭秘销售文案的钻石模型

如果你细细品味那些优秀的文案，你可能会发现，优秀的文案之所以让客户兴致勃勃地下单，除了抓住了客户的痛点以外，还遵循了特定的行文结构（即钻石模型）。这些行文结构，促使客户跟随文字思考、行动，最终推动客户购买。

> 本章包含的销售文案钻石模型如下。
>
> · 爆款五步拳：学会用五步写出一篇直击客户痛点的文案。
>
> · 关联三步法：学会用三步快速行文，写出一篇简短有力的文案。
>
> · 场景演绎术：描写场景，让客户仿佛身临其境，激发购买欲望。
>
> · 短文案模板：学会用寥寥几笔，触动客户的内心。

4.1 爆款五步拳：直击客户痛点

大多数让人拍案叫绝的长篇销售文案，都按照客户从关注产品、了解产品、认同产品，再到购买产品的流程而设计的。总结来说，爆款五步拳的步骤是：**吸引关注—增强兴趣—获得信任—刺激欲望—催促行动。**

4.1.1 五大标题黄金法则

标题是一篇文案中的重要元素，因为它最先呈现在客户面前，而且直接决定了客户是否会阅读这篇文案。很多人习惯通过扫视标题来发现吸引自己的内容。因此，**在爆款五步拳中，标题起到了吸引关注的重要作用。**

一个标题如何能迅速吸引客户并从众多标题中脱颖而出？五大标题黄金法则可以帮你快速写出让人忍不住想阅读正文的标题。

1. 信息量法则

标题信息量法则：信息量越充足，越容易引发客户的阅读兴趣。

一个标题的信息量是否充分，会直接影响客户的阅读意愿。例如以下几个例子。

（1）上海地铁奶奶亲自示范：裙不配运动鞋、白发不染，优雅又高级。

（2）玄关做个这样的隔断，好用又好看。

（3）这个洗发水，还你一个清爽夏日。

（4）磅礴气场，自成风范。

如果投票选出你最想看的 1 个标题，你不会选第 4 个标题，对吗？

因为我们无法从第 4 个标题中捕捉到很多有价值的信息。

什么是有价值的信息呢？人们在阅读文字时，会提炼出一句话的主语（名词）、谓语（动词）、宾语（名词），然后组合成一个场景或者一则信息，来判断自己对这个场景是否感兴趣，这则信息是否对自己有价值。

在信息传递上，首先，名词的信息量最为充分，因为画面感十足，比如提到桃子、护士，你很容易联想到相应的画面；其次是数量词，比如 5 个或者 500 个、50 000 个，在你的脑海中，可以分析出哪个比哪个大，大多少；再次是动词，动词自带动态效果，比如掉入和跳入有什么不同，不需要解释，你就可以联想出来；最后是形容词或者副词，相比于名词、数量词和动词，信息量相对较小，难以引发联想，比如最后一个标题。

当你使用名词、数量词和动词作为标题时，组合出来的场景越吸引人，故事性越强，客户就会越想读下去。爱读故事是人的天性，因为故事曲折动人，而且不需要费劲思考。

文案作者要避免为了增加信息量而故意使标题变长，因为长标题和短标题适用的载体是不一样的。比如超过 20 字的标题，更适用于图文式的媒体（如报纸、公众号、今日头条、知乎等），而不太适用于视频类媒体（如抖音、快手等）。

2. 好奇心法则

好奇心法则是既常见也容易实践的一种写标题的方法。

好奇心法则：若你的标题能够激起客户的好奇心，他就会继续阅读下去。

我们可以看以下几个例子。

（1）让人啼笑皆非的情侣分手理由。

（2）冷门又好玩的 10 个小众旅游城市。

（3）15 条笑到流泪的朋友圈文案，网友惊呼：个个都是段子手。

（4）夏天空调长期开 16℃，容易生病。

如果评选你最没有兴趣点开的标题，你会选哪一个？大部分人会选择第 4 个标题。因为它已经完整概括出作者要表达的观点了，客户接收到了完整的信息，就没有必要继续阅读了。而其他三个标题刚好相反，传达的信息都不完整，能激发客户的好奇心。

到底是哪一个分手理由？

到底是哪些小众旅游城市？

到底是什么样的朋友圈文案，这么好笑？

好奇心是每个人都具备的，面对未知的事情，我们总想知道，它是什么，为什么会这样，它能有什么影响？有了好奇心，人们就会想去探索，探索过后获得了答案，人们就会获得一种满足感和成就感。

怎么激起客户的好奇心呢？你可以把一个完整的句子中最重要的信息进行省略，然后用其他有吸引力的词语来替换这个信息，形成一个悬念。

标题（1）中，这一条分手理由，就是最重要信息，它到底是什么，作者没有介绍，而是用"让人啼笑皆非"代替。

标题（2）中，这些城市的名字，就是最重要的信息，它们被描述为"冷门又好玩"，但是并不露出城市的名字。

标题（3）中，朋友圈的文案，就是最重要的信息，作者用"笑到流泪"代表爆笑的程度，又用"段子手"来激发读者的好奇心。

注意

不是每个选题都适合应用好奇心法则，如何一个选题具备悬念和反转的特点，那么这个选题可以应用好奇心法则。

3. 承诺法则

承诺法则：如果标题"承诺"了这篇文案与客户相关、对客户有用，甚至给客户干货，那么目标客户就会为了获得标题"承诺"的内容，来读一读这篇文案。

这里的"承诺"并不代表合同要约里的承诺，而是指客户在阅读标题时，可以自行分析解读出来的信息，是具备"承诺"意味的。

例如下面的几个例子。

（1）想给 2 岁以上的孩子买的玩具，很多妈妈嫌贵，我们今天搞来了平价代替款。

（2）刹车才是真本领！8个刹车技巧提升你的驾驶能力。

（3）对话金牌员工：成为高手，需要跨过多少道坎？

标题（1）抓住了父母想给孩子买便宜一些的玩具的心理，在标题中"承诺"了：如果你读了这篇文案，就可以知道有哪些平价代替款，甚至可以买到平价代替款。父母为了省时、省钱地获得这些玩具，就会认真读这篇文案。

标题（2）针对有车一族想利用刹车保障自身安全的需求，"承诺"了：如果你读了这篇文案，就可以学会8个刹车技巧。如果你恰好是有车一族，就可能忍不住想了解这些技巧。

标题（3）针对职场员工想在职场快速晋升的需求，"承诺"了：如果你读了这篇文案，就可以知道在成为高手的过程中，你会遇到哪些坎、你应该怎样跨过这些坎。想要晋升的职场人就会更愿意阅读这篇文案。

注意

运用承诺法则的标题一般用于测评类、好物推荐、带货促销、知识分享、职场励志的文案中。

4. 认同法则

认同法则：如果一个标题，可以站在目标客户的立场上，表达他想表达的内容、说出他想说的心里话、展示他想展示的态度，那么就会获得他的认同。

知音难觅，当客户发现一篇文案里有他非常认同的观点时，他就会获得安全感和满足感。他会觉得别人证明了自己的正确，说出了自己的心声，不但会主动阅读这篇文案，甚至还会愿意分享这篇文案。

例如下面几个标题。

（1）100多年前的"90后"，拼搏的样子像极了今天的"90后"。

（2）如果那年高考，我也像他们这样"拼"了，结局是不是不一样？

（3）为什么有些年轻人越来越爱熬夜？因为"世界"终于睡了。

标题（1）站在"90后"的角度，替"90后"发声。作者用100多年前推动社会进步的新青年，其拥有"但行好事，莫问前程"的豁达、为"万世开太平"的胸襟、"为理想付出一切"的豪迈，类比今天"用青春之我，成就青春之中国"的"90后"，获得了"90后"的认同。

标题（2）站在高考考生寒窗苦读，终于考出好成绩的角度，解读了为何查询高考成绩的瞬间，让人格外感动。因为这包含着高考或者未来要高考的学子，对未来的美好憧憬和祈愿，也代表了普通家庭对美好未来的追求。

标题（3）替年轻人说出心里话：他们的白天不属于自己，而属于计算机、属于机器、属于领导、属于客户、属于项目、属于会议、属于学业、属于家庭。只有深夜，客户都睡了、领导都睡了、对手都睡了、老师都睡了、父母都睡了、孩子都睡了、全世界都睡了，时间才属于他们，引起忙碌的年轻人的共鸣。

应用认同法则的标题一般用于展示特定人群的生活状态、内心追求、观点态度的文案中。

5. 关键词法则

关键词法则：当标题中出现知名人物、权威头衔、热点信息时，人们会对这个标题产生浓厚的兴趣。

这种兴趣是天然存在的，因为每个人对新鲜信息的获取都有强烈的需求，这些信息或者反映了当下的社会现象，或者丰富了我们的知识库，或者帮助我们提高了生活效率，或者让我们有了更独特的观点，或者让我们在社交中拥有了更多的谈资。

你很可能在新媒体平台看到类似的标题。

（1）"三伏贴"火了？医生提醒：不是所有人都适合！

（2）苏炳添，绝非"一战封神"。

标题（1）是应用了权威头衔"医生"，以及很多年轻人进行"三伏贴"贴敷治疗的热点信息，吸引客户关注。同时，标题指出"三伏贴"有特定的使用人群，并不是所有人群都适合，就会引起客户好奇心，想知道什么样的人群才适合使用"三伏贴"。

标题（2）也应用了知名人物和热点信息，成功提升了标题的吸引力。在 2020 年东京奥运会上，中国选手苏炳添在男子 100 米半决赛中，跑出 9 秒 83 的个人历史最好成绩，一举打破亚洲纪录。中国人民沸腾了！也有人会想，苏炳添是不是"一战封神"？作者回顾了苏炳添的奋斗历程，发现他是第一个拿到国际田联钻石联赛冠军的中国人，第一个田径世锦赛跑进 100 米决赛的中国人，第一个跑进奥运决赛的中国人。因此，苏炳添并非"一战封神"，而是始终坚持不懈，最终百炼成钢。

注意 ✎

应用关键词法则撰写标题时，一定要写有事实依据的例子，不要为了博人眼球而杜撰故事；标题中出现的事例，一定要与主题密切相关，如果离题万里，即使吸引人阅读，也会让读者产生心理落差，对文案发布者也会有负面影响。

4.1.2 激发客户兴趣的 3 种方法

应用爆款五步拳，第一步，创作者用黄金标题成功吸引客户关注（借助五大标题黄金法则）。不过，此时客户的关注是非常短暂的，会轻易被其他信息分散注意力。因此创作者要通过文案的第一段文字，把客户的短暂的注意力转化为兴趣。兴趣就是长久的注意力，客户对文字产生了兴趣，才可能一直读下去，才可能被文案打动，进而购买文案中推荐的商品。

标题的目的，就是让客户阅读文案的第一句话。第一句话的目的，是让客户阅读第二句话。第二句话的目的，是让客户阅读第三句话……如此循环，客户才会读到最后，成功接收创作者要传递给他们的信息。让客户持续保持较为浓厚的阅读兴趣，是创作者在撰写每一句文案时，都要谨记的。

那么如何激发客户兴趣呢？我推荐 3 种好用的方法，即使是文案新手，也可以轻松写出客户比较感兴趣的文案。

1. 满足客户的好奇心

客户是被标题吸引来的，读了标题后，客户有自己最想知道的信息，即读者带着好奇心阅读。如果第一段文字不能满足客户的好奇心，或者迟迟不能满足客户的好奇心，那么读者的耐心就会被消耗殆尽，终止阅读。

通常，第一段文字铺垫太多，是耗尽客户的耐心的罪魁祸首。有这样一篇朋友圈文案，就是非常典型的案例。

三豆饮＋乌梅，太好喝了！

今天去××老师的朋友圈学习（我经常去高人的朋友圈里偷偷学习。你是不是也……），看到这个……立马分享给你。

这是一篇朋友圈文案。通常人们阅读朋友圈时，1秒可以划过2~3篇不感兴趣的文案。这篇文案的标题算不上很吸引人，很容易被别人忽略。它的第一段文字的问题更加突出，作者用较为冗长的文字（在朋友圈里要占到3行）来铺垫作者要推荐的产品是怎样被发现的，同时还想要展示自己是个爱学习的人、爱分享的人。

那么，读者对作者提到的这些信息感兴趣吗？答案是否定的。读者是带着"三豆饮＋乌梅到底好在哪里"的好奇心来阅读的，可是作者却迟迟没有给读者答案。如果我们试着还原一下读者阅读时的内心活动，就会发现，作者和读者的互动不同频。

作者：三豆饮＋乌梅，太好喝了！

读者：为什么好喝呢？

作者：我经常去高人的朋友圈里学习。

读者：所以，这和三豆饮＋乌梅有什么关系？三豆饮＋乌梅，为什么好喝呢？

作者：你是不是也经常去高人的朋友圈里学习？

读者：是怎样，不是又怎样？三豆饮＋乌梅，为什么好喝呢？

作者：太好喝了，立马分享给你。

读者：可是我已经不感兴趣了。

这个错误在文案创作过程中却经常出现。怎样避免犯类似的错误呢？我们可以顺着读者的好奇心进行写作。也就是读者问一个问题，我们回答一个问题，解决客户心中的大部分疑问，让客户有获得感。

对这篇文案，我们可以怎样调整呢？第一步，设计标题时，可以从这款产品能解决的问题出发。三豆饮＋乌梅的功效是助眠、生津、开胃。于是我们可以这样写，"夏季睡不好、吃不香，在家试试它！"如果有类似困扰的读者看到了，很容易点开文案，等待你给出结果。第二步，模拟客户的内心活动，与之进行隔空对话，撰写文案。

作者：夏季睡不好、吃不香，在家试试它！

读者：是什么可以让我睡得好、吃得香？

作者：今天去××老师的朋友圈学习，发现了一个可以助眠、促进食欲的方法。

读者：听起来靠谱，这是什么方法？

作者：在家就可以操作，真是太方便了，立马分享给你！

读者：好呀，是什么呢？

作者：三豆饮＋乌梅的具体做法是这样的。

读者： 嗯嗯，学会了！

这就是顺应读者的好奇心进行写作的例子，如果作者可以站在读者的角度思考，就可以更加容易地引导读者跟随自己的思路，认真地了解产品，引发购买欲望。

2. 邀请客户参与进来

每个人都会对与自己相关的话题感兴趣，如果在进行文案写作时，你能在第一时间将话题与读者进行关联，邀请读者参与互动，读者的兴趣就会自然而然地被你激发出来。

那么，如何邀请客户参与互动呢？有以下几种好用的方法。

（1）与你有关法。与你有关，就是多用和"你"有关句子，最好是问句。

例如：

使用洗衣机的八大错误方式，你知道吗？

让你拥有好心情的 8 个小窍门，你试过吗？

夏日避暑攻略：这 5 个地方你千万不要错过。

在销售文案中，标题使用"你"字，可以让读者感觉在和自己隔空交流，因而产生兴趣。

（2）结果反差法。结果反差法就是先展现一个"美好的结果"，然后通过对比，表达这个人也遭遇过"糟糕的过去"，邀请读者见证他是如何通过某款产品改变人生的。

例如，在一篇招募写作培训班学员的文案中，作者开篇写的是自己收到一封邮件，通知她文案被采用的消息："我心里停了一拍，而后不敢相信地从床上弹起来，疯了似地叫喊着。"当你读到这里时，一定会诧异只是一篇文案被采用而已，为何作者会如此激动？作者接着写道，现在她已经正式开启写作生涯，每个月靠写作赚的稿费已经超过 5 位数，这是一个让人羡慕的"美好的结果"。接下来需要进入反差阶段了。"可你知道吗，半年前，是我人生最昏暗的时刻。"这句"可你知道吗"其实就是在邀请读者参与互动，下面作者介绍其是如何依靠某款产品实现人生逆转的。

（3）**提供资料法。提供资料法，就是通过给目标客户展现他们最想要的干货、资料、情报，邀请客户参与阅读。**

例如，一篇销售室内装修服务的文案，它的第一段文字就邀请读者参与互动，提供了读者费尽心思找的装修美图，对读者非常吸引力。

10 000 张装修美图免费看，

从客厅到厨房都值得借鉴，

你先收下，以后能用上。

3. 陈述读者面临的痛点

除了以上两种方法以外，陈述读者面临的痛点，也是非常常用的一种方法，可以迅速引起读者的兴趣，因为每个人都想要从痛苦中解脱出来。

例如，一篇推荐儿童绘本的文案，就在开篇讲述了妈妈们存在的痛点。

在妈妈群里聊天时，看到一位妈妈说："我家孩子很反感我给她讲故事，每次给她讲，她就'妈妈，妈妈'叫个不停，甚至每次故事讲不完就被她打断……"

还有位妈妈说："我家孩子也是，每次买回来的绘本他都不喜欢看，除了幼儿园的那几本，他在家都不喜欢看绘本，是我买的绘本不对吗？"

看到这些妈妈的聊天，我发现很多父母对孩子缺乏阅读爱好很头疼，对如何选择绘本也是一头雾水、无从下手。

"孩子不喜欢读绘本"和"孩子不喜欢妈妈选的绘本，而喜欢幼儿园的绘本"，这两个痛点是妈妈们在育儿时经常遇到的，当作者将这两个痛点呈现出来时，妈妈们就会不淡定了，心里想"这说的就是我家孩子，那我该如何做"，其兴趣就被成功激发了。

4.1.3　巧用论据，获得客户信任

按照爆款五步拳，当我们采用"吸引关注—增强兴趣—获得信任—刺激欲望—催促行动"的行文结构后，可以大幅度提升客户购买的概率。在客户被标题吸引、被文案开头激发了浓厚的兴趣之后，我们要做的就是让客户相信，我们的产品是非常值得信赖的，也就是获得客户信任。

我们在前两步为客户展示了，在他们想要达成自己的某些目标时，会不可避免地遇到的一些困难。客户在内心发问：你的产品真的可以解决我的困难吗？

随着互联网的发展，客户获取信息的渠道增加，看到的广告也越来越多，对广告中提到的效果会抱有怀疑态度。这时我们就要巧用论据，让客户相信，我们的产品足以解决他们的问题。

另外，有一种消费者心理被一些商家忽略了，就是客户也需要一

些理由来说服自己购买，说服亲友支持。消费者会在字里行间寻找相关的证据，来证明他的购买行为是明智的，是值得被别人夸赞的。

那么，怎样获得客户信任呢？我们可以使用以下 4 个非常好用的论据。

1. 权威背书

权威背书是一种能迅速取得客户信任的有效武器。业界权威人士的推荐，或者权威奖项，都可以为我们的产品背书，让消费者认为我们的产品更值得信赖。

2016 年一款名为"没想稻"的五常大米，刚问世就取得了消费者的关注。这款大米曾获得戴龙的强烈推荐，戴先生是中国香港四大名厨之一，是 1996 年上映的电影《食神》中史蒂芬·周的原型。中国香港名厨推荐的食材，对于普通人来说非常有说服力，消费者很容易相信它的口感鲜美，愿意购买尝一尝。

2. 事实证明

为了使推荐更可信，用事实证明是必不可少的。消费者不只想要知道这款产品到底好不好，还想知道它为什么好、有多好。

例如 HUAWEI Pura 70 手机，应用了第二代昆仑玻璃。为了介绍这种玻璃的产品优势，销售文案使用了事实证明的方法。

屏实力，更硬气。

采用第二代昆仑玻璃，整机耐摔能力提高 100%。实力抗摔，时刻靠得住。

（整机耐摔能力提升 100% 的数据来源于华为实验室，基于 HUAWEI Pura 70 北斗卫星消息版于第一代昆仑玻璃产品对比；手机作为精密电子产品，跌落仍有损坏风险，请注意避免跌落、碰撞。）

列举实验室的事实说明，可以客观展示产品的性能和优势。

3. 客户证言

"王婆卖瓜，自卖自夸"，这是大众对商家的普遍认知。无论商家怎样证明自己的产品性能出众，都会有很多客户觉得这是自卖自夸的行为，信服度大打折扣。1 000 句自夸，也比不上 1 句客户的好评。如果有客户站出来证明，其使用过这款产品，这款产品非常好，那么就会非常有说服力。

例如一款口红就在产品文案中，列举了用户的口碑评价。

真人实测 打造质感双唇

【深唇色－遮盖力强】使用色号：#607

质地顺滑易涂抹，经典气质色，显白不挑皮。

——达人＠戒不掉咖啡的黛小姐

在引用客户的证言时，要注意两点。

一是征得客户的同意后再进行引用，同时注意保护客户的隐私。

二是不能擅自修改客户的原话，哪怕客户的原话存在语句不完整、缺少标点符号、啰唆等问题。真实的语言传递了客户的感情，是最有力量的文案。

4. 名人推荐

名人推荐是品牌为了提升知名度、获得客户信任而较为常用的方法。一方面，名人具备话题性和影响力，方便品牌传播；另一方面，名人为了维持自己的公众形象，避免推荐的产品出现质量问题而导致自己名誉受损，在选品方面会非常严格，可以提升消费者的信任度。

在文案中使用名人推荐时，要重视挖掘品牌与名人之间的关联度或者共同的精神追求。避免只描写名人的名气，而让自家品牌成为摆设；或者刚好相反，以为这个名人被大众所熟悉而忽略了对名人的介绍，使得名人推荐失效。

4.1.4　刺激客户欲望的五个妙招

刺激欲望是爆款五步拳中的第 4 步。经过了前面 3 步的文案写作，客户已经对产品建立了一定的认知和基础的信任。接下来激发购买欲望这一步非常关键，它将决定客户是否要购买产品。

第 2 章中提到客户愿意为两种情绪买单，分别是希望和恐惧。这两种情绪可以更快地激发客户的购买欲望。当我们用文案告诉目标客户：**如果拥有了我们的产品，生活就会变得美好。如果没有使用我们的产品，那么眼前的困境依旧无法解决，这多让人苦恼。**具体怎么做呢？这 4 个妙招推荐给你。

1. 更轻松

谁不愿意活得更轻松呢？试想一下你最向往的生活是什么样的。尽管每个人的向往各不相同，但你向往的生活里，一定有比现在的生活更轻松的事情。比如每天早上可以睡到自然醒，5 分钟就可以做一顿美味可口的早餐，等等。追求更轻松的生活是人的天性之一，当一些产品可以帮助消费者"更轻松"地达成目标时，消费者就会萌生购买这种产品的欲望。

对于想要帮助孩子培养健康坐姿的家长来说，很难做到长期监控孩子是否弯腰驼背。因此如果有一款产品能轻松帮助孩子培养健康坐姿，家长就会非常感兴趣。一款儿童学习桌的文案是这样写的：

三重专利纠姿，健康坐姿三步养成。

智能手机普及，人们发现手机耗电太快了。于是"充电5分钟，通话2小时"迅速取代了"超长待机时间"的模糊介绍，成为被人们熟知的产品优势。

2. 更健康

随着年龄的增长，人们对健康越来越重视。当我们在文案中提到可以缓解身体不适、拥有更健康的生活状态时，人们会不由自主地产生对健康的强烈渴望，进而迫不及待地购买这款产品。

例如一款筋膜枪的销售文案，说明了在多种常见的生活场景中，肌肉及筋膜都有可能不适甚至疼痛。这些场景的描述，唤起了客户的疼痛记忆，引发客户对健康的期待和追求。

××筋膜放松枪，远离身体多种烦恼。

减轻运动后的肌肉疲劳及不适感。长期低头看书、久坐计算机前等不良的工作姿态、不良的生活习惯、剧烈运动等因素，都可能引起肌肉及筋膜出现水肿、撕裂及肿胀，而导致局部疼痛症状。通过筋膜枪的按摩，肌肉与筋膜之间的粘连与结节可以减少，防止运动损伤。

身体更轻松，心情更放松！

这篇文案应用了一个经典结构，就是**短期效果（防止运动损伤）＋长期效果（身体轻松、心情轻松）**。

3. 更优秀

很多人不甘于平庸，他们渴望更优秀。当产品可以帮助客户变得更漂亮、更年轻、更有品位、更有学识时，人们会不自觉地对这款商品投来炽热的目光。你所需要做的，只是声情并茂地描述目标客户变得更加优秀之后，可以获得的荣誉、认可、声望，客户就会忍不住把自己代入这个场景中。

某雅思培训机构推出了暑假封闭学习班，其宣传文案是：

搏一载春秋，得一生无悔。

这句文案替考生说出了心中的话，引起考生的高度共鸣。他们舍弃了暑期的轻松，投身于艰苦的备考中，"搏一载春秋"，为的就是获得更多的人生机会。"得一生无悔"，就是拥有了这款产品（暑假封闭学习班）之后可能遇到的美好未来。要比"搏一载春秋，提高2分"更鼓舞考生，也更容易让考生接受。

4. 更划算

很多人在购物时会精打细算。我们会看见特卖会上总是人头攒动，"双十一"等活动总是创造新的销售业绩，原因就是人们对"划算"的商品毫无抵抗力，甚至会有"买了就是赚到，不买反而亏了"的心理。

"物超所值"的信号就像一根羽毛，轻轻地、持续地撩动着客户的心，直到他做出购买或放弃购买的决定。一款产品的价值塑造得越高，价格越低，巨大的落差就会促使人们购买。这种案例在电商促销活动中屡见不鲜。因此，**要想让客户感觉自己占了便宜，要把重点放在对产品价值的塑造上**。

有一款被誉为"末代茶王"的普洱茶，它的文案迎合了客户追求"更划算"的心理，获得了较高的转化率。就连这款文案的标题，都充满了高价值、低价格的强烈对比："一款'末代茶王'十几万元，我花了百元出头就能喝到。"只需要百元出头，就可以喝到价值十几万元的茶，如此物超所值，客户怎么能够抵得住这种诱惑？

4.1.5 引导客户下单的五大工具

经过前面 4 步，我们成功获得了客户信任，也激发了客户的购买欲望，这时候，我们的产品已经出现在客户的购物车里了（可能是客户脑海中的购物清单，也可能是网站平台的购物车）。最后一步就是让客户立即付款。

随着时间的推移，我们的产品可能会在购车里被其他产品淹没，也可能被客户手动删除。时间越长，成交率越低。客户想的"下一次再买吧"，很可能就变成了遥遥无期。我们花费心力辛苦做的铺垫工作，最后都会白白浪费掉。因此，我们必须使用文案，引导客户立刻做出付款决定！

你也许会诧异，甚至觉得这不可能，客户怎么会仅仅看了这一篇文案，就立刻付款呢？

五大工具，将帮助客户下定决心，立刻购买。因为，多等一刻，他都将面临更多的风险，而每个人一般都不愿意面对风险。

那么，客户如果延迟购买，可能面临哪些风险呢？

（1）商品涨价了，客户需要支付更多。

（2）商品售罄了，客户想买但是买不到。

（3）赠品数量有限，客户下单晚而错失赠品。

我们在销售文案中讲清楚这几个风险，可以帮助客户尽快下单，让客户获得的收益更大（价格便宜、获得赠品）。我们可以使用五大促销工具，讲清楚现在购买的价值和延迟购买的风险。

1. 工具一：超级低价

毫无疑问，当客户发现产品价值很高，实际价格却大大低于预期时，很容易产生强烈的购买意愿。

一款促销口红的文案，如下。

关键是价格太划算了，官网一支口红370元，现在下单，仅需199元，立省171元。

在这个七夕佳节，买来送礼特别暖心，女士们收到口红会满心欢喜，这是很讨喜的礼物。

文案用官网价格370元作为客户心理价位的锚点，而实际199元的价格与官网对比几乎便宜了一半，是非常具有冲击力的划算价格，那么具体省了多少元呢？商家也毫不含糊，替客户解答了疑问，"立省171元"，可以让客户直观感受到优惠力度，足以吸引一部分客户立即下单。

优惠力度越大，客户的决策时间越短。因为这种低价获得产品的机会并不常见。**超级低价的重点不是优惠价格的绝对值，而是优惠价格的相对值。**

例如，上述口红优惠171元，对客户的冲击力很强，但是另一款产品核桃手串，市场价格1 600元，现价1 400元，优惠了200元，客户的购买行动却较为迟缓。明明200元要比171元优惠更多，为什么会出现完全不同的结果呢？因为，在客户心中，200元连原价1 600元的零头都不到，这种优惠价格并不是"难得遇到"的超级低价。

2. 工具二：正品数量稀缺

在 3 种情况下，我们在文末使用正品数量稀缺这个工具，可以加速客户的转化。

第一种情况，因畅销而稀缺。有些产品即使没有促销文案，平时也深受客户追捧、经常断货，那么只要我们在文案中列出它经常被抢空的证据，就可以让客户明白：如果自己去买，很难买到，而今天购买，却有可能抢到，让客户燃起购买热情。

例如一篇女包的促销文案，这样描述其稀缺性：

6 款"销量领先"女包，3.3 折起入正品，经典到多位明星追捧。

这段文案虽然只有不到 30 字，却非常巧妙地应用了多种工具及写作技巧，让客户忍不住下单。简单四个字"销量领先"，表达了其受客户喜欢又不容易买到的畅销属性；而"3.3 折起入正品"，则是应用超级低价工具，激发客户购买欲望；最后一句"经典到多位明星追捧"，体现了这款女包的时尚感。

第二种情况，因存量稀缺而一物难求。有些产品因为原材料有限，或者加工工艺难，或者产品历史悠久，存世不多，所以品质高的产品的存量有限，在市面上很难购买到。这种稀缺性，也可以促使客户立刻下单。

例如一篇白茶的促销文案，提及这款白茶值得入手、数量稀缺的 4 个原因：

（1）中国世界工夫茶大赛茶王赛五星金奖之作；

（2）2016 年制作，8 年陈化老白茶，枣香蜜韵明显；

（3）××白茶非遗传承人的获奖力作；

（4）源自××太姥山核心产区。

上述任何一个产品优势，都决定了这款白茶的稀缺性；当4个优势都集中在这款白茶上时，更意味着它的产量有限，并不是随时随地可以买到。

第三种情况，因超级低价而数量有限。这种情况大多数客户都遇到过，例如效果出众的同一款产品，在官方渠道的售价偏高，但是在某电商平台上售价较低。往往此时，电商平台可以售卖的正品数量有限。这种因为低价且数量有限的情况，也会让客户快速下单。文案如下。

现在只用超低价，就能喝到、收藏到这款备受藏家好评的××普洱茶，真的可遇不可求。

因为太珍贵了，我们非常不容易地寻到了少量存货，买一饼少一饼，懂茶的朋友，千万别错过了。

3. 工具三：赠品稀缺

与正品数量稀缺相对应的，是赠品稀缺。除了明显的价格优惠以外，有经验的商家还会通过稀缺的超值大礼包来加速客户下单。

值得注意的是，越是单价高的产品，越要匹配高价值的赠品礼包，来体现今天下单的优惠性。通常，我们会用赠品数量有限的方式，来增加客户的犹豫成本。每犹豫一分钟，赠品被别人带走的概率都会大大增加，而客户买不到的概率也会增加。为了避免损失，客户会缩减自己的犹豫时间，快速购买。

例如，一位文案大师在出售翻译大师销售文案的服务时，因为定价5万元超出普通人对服务的价格认知，因此附加了超值赠品。

（1）除了帮你翻译这些罕见的大师销售文案外，我再赠送你一整套豪华精装版的《销售文案精华集》（售价6万元，只定制10套），你可以收藏或传给下一代。

（2）你可以免费获得10次（一年内）我为你提供的点评指导。我每次点评指导的收费是3 000元，10次价值为3万元。

（3）你可以免费获得5次我为你修改文案的机会。我修改文案一次的收费是1万元，5次价值就5万元。

你可以看到，额外赠送给你的三大礼物价值已达14万元，这是你今年不可错过的投资机会。

每个人的时间和精力都有限，所以名额有限，限制5人。

只要你是前5位订购的朋友就可以获得！

正品的价格是5万元，而赠品的价值（倘若能成为前5名付款者）则是14万元，远远超出客户购买正品所付出的成本，因此很容易让客户下决心购买。

4. 工具四：时间稀缺

大多数时候，客户拒绝现在下单的原因，几乎可以用三句话来概括：需求不迫切、价格超出预算、现在买和以后买价格差不多。而在客户得知"现在买"和"以后买"价格悬殊时，就很可能迅速下单。

某电商平台产品促销价格如图4.1所示。

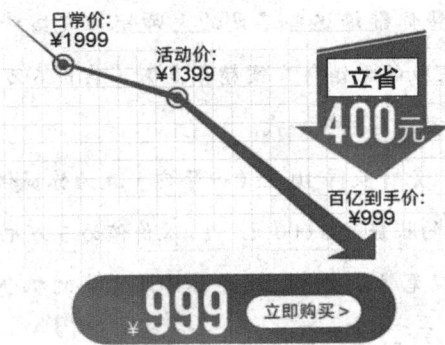

图 4.1 某电商平台产品促销价格

由图 4.1 可知，一些电商产品会用直观的图片来打消客户的犹豫。"现在买"可以获得比平时活动价省 400 元的优惠，而错过这个时间段，"未来买"就要多花 400 元。这样前后对比，足以让客户明白优惠的力度，以及不容错过的原因。

5. 工具五：展示下单动作

展示下单动作，即向客户清晰展示怎样下单，就是**用文字明确指出客户下单时应该做的动作**。

例如，早期的电视广告如何展示下单动作？荧幕里的促销员激情澎湃地喊道："你还在犹豫什么？现在就拿起电话，拨打 400-××××××××，订购一套价值 998 元的家用多功能豪华健身器吧。"后来，展示下单动作也出现在直播间，主播热情洋溢地号召："买它！现在就点击屏幕下方的小黄车，支付 ×× 元，带走属于你的护肤套装！"

这两句话均包含了非常经典的展示下单动作，也就是**简单、可以**

立刻执行的动作：通过拨打电话，点击屏幕下方的小黄车，支付××元。这些动作都与支付有关，因为支付才是客户购买的最后关卡。

如果我们没有展示下单动作，那么客户很可能会出现"这个东西似乎还不错，我再看看吧"的心理，然后一去不复返。别忘了，我们之前所做的所有努力，都是为了让客户下单。因此，展示下单动作不能省略。一篇没有展示下单动作的销售文案，不仅是不完整的，更是没有转化作用的！

你可能会想，上述指令都是有人通过声音来传递情绪的，如果我们用文字来表述，也会有同样的感染力吗？是的！完全可以！

你发现没有，当你在读"是的！完全可以！"时，哪怕我并没有用声音和你交流，你也已经感受到了我十足的信心。我们在用文字展示下单行动时，只要你在撰写文案时信心十足，你传递出的能量和自信，就会深深地感染你的客户，他也会迅速下单。

那么，在我们使用文案进行销售时，可以怎样展示下单动作呢？

收藏本店，领取5元无门槛红包；

点击蓝字，关注××公众号；

点击左下角链接，购买第3款产品；

添加我的微信，备注你的名字，可以申请加入鲜果购买群。

4.2 关联三步法：让客户欲罢不能的秘籍

有时候，我们需要用很短的篇幅来完成一篇销售文案。比如一篇朋友圈文案，要在短短的7行文字之内，就让客户愉快地完成购买动作。这样高难度的销售文案，让很多新手无从下手。别急，只要你学会了关联三步法，就可以快速完成一篇具有感染力和销售力的文案。

我们先看一篇案例，这是某天我检查文案学员的学习进度之后写的一篇文案。

都傍晚了，学员今天一条朋友圈还没发！

原因是……订单不断，没空发朋友圈。

和我学《吸金文案》，你也会忙到没空发朋友圈！

短短三行文字，配上学员和我的聊天记录。我问学员："为什么还没发朋友圈？"她说："老师，订单太多，没空发朋友圈！"这样的图文组合冲击力非常强，而这篇文案发出去之后，立刻又帮我招到了更多的学员。

我们再来看一个案例，也是我根据亲身经历写的文案。

正躺在床上休息，手机忽然响了！

微信收款 1 999 元！竟然是一个从来没有跟我聊过天的姐姐付的学费。

一问才知道，她是被我的朋友圈文案吸引来的，《吸金文案》真是太神奇了！

读完这篇文案，你有没有一种想学习文案的冲动？每天订单不断、睡觉时都有收入，是每个人都会期待的生活片段，很容易引发客户的共鸣。

其实，撰写这样简单高效的文案，只需要使用关联三步法，如图4.2 所示。关联三步法，就是通过具有内在逻辑关联的 3 个步骤，通过展示美好瞬间，引发客户的向往，然后揭示如何获得这样美好的结果（催眠客户采取购买行动）。接下来我会具体讲解每一步的操作要点。

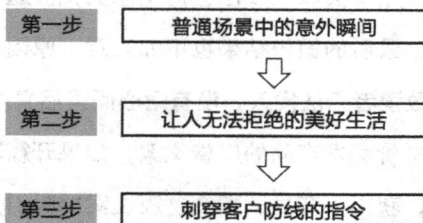

图 4.2　关联三步法

4.2.1　普通场景中的意外瞬间

关联三步法的第一步，就是用短短的一段话或一句话，讲明白此刻你（或者故事的主人公）身处的普通场景。要注意的是，在这个场景下一刻发生的故事，要出人意料。因为意外的事情，才能激发客户的好奇心。

例如，"都傍晚了，学员今天一条朋友圈还没发！"，就是普通场景中的意外瞬间。我的这位学员是通过微信做生意的，每天发朋友圈卖货文案是她工作的常态。可是傍晚了，她还没有发朋友圈，这是不合常理的事情，客户也会顺着我的文案思路，产生好奇的心理，她究竟为什么没有发朋友圈呢？

第二篇文案中"深夜我正躺在床上睡觉，手机忽然响了！"，这本身也是大多数人经历过的。晚上躺在床上休息是再普通不过的场景，很容易让客户产生代入感。而"忽然"二字，让手机响了这件事让人感到意外。深夜手机响了，一定是有重要的事情发生，是什么事情呢？

有一些作者使用了关联三步法，但是总觉得读起来很平淡，无法激起客户的欲望，最后的销售结果也不如人意，原因可能是**开篇的场景不够普通，导致读者无法代入，没有耐心阅读后文。**

例如，一款平价美发产品的广告文案，如果开篇写的是主人公参加全国选美大赛，获得了名次，那么这篇文案的吸引力不会太高。原因是这款美发产品的目标客户是普通人而不是专业模特。很少有普通人经历过全国选美大赛，因此代入感和共鸣就不会很强烈。然而，如果它的开篇写在兴趣班里，同桌的一个女孩对另一个陌生女孩提问，读者的兴趣就会更浓。因为很多人都上过兴趣班。这时，女孩害羞地问另一个女孩："你的发质真好！头发这么顺！你用什么牌子的洗发水啊？"作者就可以顺理成章地推荐××美发产品了。

4.2.2　让人无法拒绝的美好生活

我们已经通过关联三步法的第一步牢牢抓住了客户的注意力。接下来的第二步，就是要用美好生活，激发客户内心深处的强烈渴望——我也要过上这种美好的生活！

在描绘客户期待的美好生活时，要注意美好生活本身一定要有很强的吸引力，是目标客户向往的。同时，用来打动读者的美好生活，既要与现实生活的差距足够大，又不能过大。注意避免让客户产生"这是我高攀不起的生活"的想法，那样反而难以激发客户的期待和向往。

例如，一篇推荐《高效时间管理》（化名）书籍的文案中，描写了客户提升时间管理之后的美好生活：张先生是一位职场精英，过去常常加班到深夜，几乎没有时间陪伴家人。在阅读了《高效时间管理》这本书以后，他开始运用书中的方法进行时间管理。现在，他每天早晨都会提前30分钟起床，规划一天的工作和生活。通过提高工作效率，他成功地在下班后拥有了更多时间陪伴家人，每周还会安排一次家庭日活动，家庭关系更和睦了，生活品质得到了显著提升。

当我们知道了要描绘哪一幕美好生活时，接下来要注意的事情就是，描述点到即止，留给客户足够的想象空间。例如，"原因是……订单不断，没空发朋友圈"，简单呈现出经营者最期待的爆单状态。而"每周还会安排一次家庭日活动"这个场景，也是客户通过努力可以达成的美好生活。

4.2.3　刺穿客户防线的指令

经过关联三步法的前两步，客户已经产生期待，"我也想拥有这样美好的人生"的渴望已经被激活了。客户心中涌起一个疑问——我要怎么样做，才能也拥有这样的人生呢？此时就是关联三步法的最重要的一步，给予客户一个到达路径，也就是具体的动作指令，例如加入××社团、每天用××护肤品。

在第一篇文案中，"和我学《吸金文案》"就是行动指令，"你也会忙到没空发朋友圈"就是学习了《吸金文案》后的同款美好生活。这一步的文案结构就是**行动（购买）+同款结果**。

而第二篇文案，采用了另一种不同的暗示指令，"她是被我的朋友圈文案吸引来的"是获得美好生活的原因——学习了朋友圈文案。"《吸金文案》真是太神奇了！"这句话看上去是在赞美，其实是在强化产品在客户心中的地位，暗示客户这么神奇的产品，也可以帮他实现同样的生活理想。这一步的文案结构是**挖掘原因＋强化产品地位**。

─ **注意** ✎ ─────────────────

　　运用关联三步法写文案时，每一步既可以简短的一两句，也可以写一段描述性文字。关联三步法的核心是，三步环环相扣。意外—美好结果—原因，符合客户的思维过程，客户会倾向于接受文案中的观点和推荐。

4.3　场景演绎术：让文案更生动，直击客户内心

　　很多时候，客户在阅读文案之后，对一款产品的优势有了初步了解，却没有购买。原因是什么呢？因为客户不知道自己买了产品之后，可以在什么场合使用它，更不知道这个产品到底可以解决自己的什么问题。

　　这时候，我们可以运用场景演绎术，用文案清楚地告诉客户，在哪些情况下他会不可避免地遇到一些困境和难题，而我们的产品则可以给出相应的解决方案，帮助他消除这些困境和难题。

　　那么，什么是场景演绎术呢？场景演绎术就是通过文字，把客户生活中经常遇到的场合和情景描写出来，让客户仿佛身临其境，感受到此情此景他会遇到哪些难题。

场景演绎术听上去不难理解，但是很多新手写起来却觉得非常头痛。自己费尽心思描写的产品，结果却让客户失望万分。要么客户读了摇摇头，心想我好像没有遇到过这种情况，所以我不需要你的产品；要么客户一摊手，那又怎样，我并没有觉得很痛苦，我用不上你的产品。最后，独留作者一个人惆怅。

其实，使用场景演绎术也是有技巧可循的，接下来我会推荐三种场景演绎术，帮助你迅速而准确地击中客户的痛点，直达客户的内心。

4.3.1 直击客户的刚性需求

如果你认真思考过，你可能会发现，客户有很多需求，但并不是每一个需求都足够强烈，都急着被满足。一个产品的诞生，是为了满足客户某个最强烈的、未被满足的刚性需求。一篇销售文案的作用，就是激活客户最强烈、未被满足的刚性需求。

那么如何找到这个最强烈的、未被满足的刚性需求呢？首先，我们需要对刚性需求下个定义。既然是刚性需求，就意味着这个需求是当前必须要被满足的需求，如果不能满足，就会产生强烈的心理落差，甚至严重的后果。**通常来说，刚性需求有3个特性，分别是时间的不容错过性、任务的必须完成性、痛苦的高频发生性。**

因此，我们可以从这3个特性出发，直击客户的刚性需求。

1. 时间的不容错过性

人生中有很多特殊时刻，被人们赋予了重要的意义。新生儿的诞生、第一次叫妈妈、第一次站立、第一天上幼儿园、幼儿园毕业……除此之外，还有重要的纪念日等，这些重要的人生节点，一旦错过就无法重来，因此才格外珍贵。重要的日子，自然少不了充满仪式感的事件。

当我们用文案细腻描写这些重要事件中的人、物、事、情时，就很容易触及客户内心深处最柔软的地方。

2020年情人节，向来以玫瑰与忠诚为符号的浪漫品牌ROSEONLY，推出了新颖又温情的广告。不再以送玫瑰作为情人节场景，而是以爱人间的隔空对话，来传递温暖的惦念。

2020年2月14日

记得同我分享一日三餐，

在相见之前，

好好吃饭，

认真生活。

这篇文案从时间的角度，描写了这个节日里的爱人交流，"记得同我分享一日三餐"，诉说二人虽然无法见面，但依旧关心彼此的日常生活。末尾表达了甜蜜又担忧的嘱咐。

同样是情人节的文案，虾皮购物平台的文案就显得又调皮又让人心动了。

今天下单

明天脱单

情人节是很多有情人表白的日子，礼物则是这个重要事件中的重要元素之一。虾皮购物平台将消费者的购买行为与情人节表白、有情人"脱单"完美结合，让这个场景下的购买行为自然而然地发生。短短8个字，还用到了同一个"单"字结尾，好记又好读，让人忍不住想要下单。

当使用时间的不容错过性来描述场景时，可以先在笔记本上记录下这个时间节点有什么重要意义，会有什么标志性的事件发生。然后列出这个事件中存在的人、物、细节、心情，从中选择最能打动人心的元素进行串联。而那些相对普通、不那么容易触动客户的元素，则没有必要呈现在文案中。

2. 任务的必须完成性

在生活中，每一个人为了完成自己的目标（包括人生目标、阶段性目标等），都需要完成很多任务。这些任务一环扣一环，完成了其中的一个任务，才有机会解锁下一个任务，让我们距离达成目标更进一步。每一个任务的完成都不会是一帆风顺的，这个任务中遇到的难以克服的困难，就是客户的痛点。

这样的场景要如何演绎呢？我总结了拼图描写法，只要客户把自己代入这个场景中，就会体会到主人公的痛苦，很想帮助其完成任务，从而下单购买完成任务的必备工具。

拼图描写法，一共有 3 步：

第一步，要强调这个任务的重要性，也就是必须完成，不能失败；

第二步，描写为了完成这个任务，主人公已经付出的种种努力；

第三步，在关键时刻，忽然发现还有一件重要的事情没有搞定，也就是缺少了最后一片重要的拼图，而任务即将截止，迫在眉睫。

这时，缺少的这片拼图，就是完成这个任务的关键元素。如果主人公在焦头烂额时，忽然发现了购买链接，他就会立即下单。

这就是拼图描写法，把我们要销售的产品，作为这个任务中最重要的一片拼图，呈现在当前的场景中。

我们可以用一个案例，来说明拼图描写法。

第一步，强调这个任务的重要性。例如，张三下岗了，工作不好找。眼瞅着家里的积蓄已经花得差不多了，可是一家人的口粮、孩子的学费、每个月的房贷还在等着他，张三觉得心头压着一块重重的石头，根本喘不上气。好不容易等到了一个公司的面试机会，张三知道，这次他只能成功，不能失败。

第二步，描写主人公为了完成任务而做的努力。张三已经花了3天研究这个公司，并且收集了面试官会问到的问题，也对着镜子练习了回答。

第三步，关键时刻，缺少最后一片拼图。马上就要到面试时间了，张三在洗手间对着镜子检查自己的形象，忽然发现衬衫前面有一块特别明显的污渍，用水根本洗不掉。

衬衫上的一块污渍，却可能毁了一场面试，毁了一次工作机会。这时候，如果有一款快速去污渍的产品销售，张三一定会毫不犹豫地购买。因为他买的不是衬衫的干净，而是未来的机会。

在使用拼图描写法时，一定要注意，这个任务一定要有重要的意义，不能"无论是否完成都对结果没有明显影响"。只有当任务必须完成时，客户才会为了最后的机会买单。

3. 痛苦的高频发生性

有一些产品，可以用来解决客户高频发生的痛苦。按理说，这类产品的销量应该很高，而事实上并非如此，很多作者在写这类产品的销售文案时，往往发现自己的文案不够动人，客户读了并不觉得痛苦，因此也不愿意购买。

这是什么造成的呢？原来，这些作者寻找的痛点，要么不是真痛点，要么不是高频发生的痛点。

其实，想要找到客户的高频痛点，并不是一件容易的事情。不过，不要担心，我们可以通过以下 3 个问题，来筛选出那些让客户最忍无可忍的高频痛点。

问题 1：你写的这个痛点，是客户生活中容易遇到的吗？（它是实实在在的，而不是只存在于我们的想象中）

问题 2：你写的这个痛点，痛苦程度已经超出常人所能忍受的程度了吗？（客户会害怕面对这种痛苦）

问题 3：你写的这个痛点，会经常对客户产生不良影响吗？（而不是偶尔出现一下，大部分时候都不存在）

在这 3 个问题中，只有当所有的答案都是"是的"时，这个痛点才是一个高频发生的真痛点。

例如，一款口香糖解决的是客户的口气不清新的痛点。如果我们问客户，你有口气吗？你会发现，大部分人都摇头。有一个重要的原因，是因为自己闻不到自己的口气。即使一个人的口气很难闻，如果周围的人善意地照顾他的面子，从来没有提醒过他，那么他这辈子都不会有这种痛点。所以，文案针对的人群，应该是担心自己有口气的人。

怎样告诉客户你的口气很难闻呢？事实上，大部分普通人，即使平时口中没有什么异味，也会在一些特殊情况下口气变得很难闻，例如中午吃了带有刺激性气味的食物，味道在口中残留；或者，逢年过节吃了很多鱼和肉，消化不良时就会出现口臭。这些场景都是真实出现在生活中的，我们可以通过描写上述场景，提示客户可能产生口气的情况。

当出现口气之后，会有什么让客户难以忍受、害怕面对的痛苦呢？最直观的莫过于他想要和爱人亲近时，遭到对方的嫌弃。除了爱人以外，每天和他一起工作的同事和领导，也会受影响。更严重的是，客户可能会渐渐不敢开口说话，即使是自己擅长的工作领域，也会在表达时缺乏自信。

当我们把客户的口气问题描述出来时，其一定会赞同地点头。因为这些经历就是他每天会面对的。接下来，你要做的就是真诚地告诉他，别担心，你的产品完全可以解决他的问题。

正如你所读到的，场景演绎术并没有那么复杂，哪怕你无法熟练地使用复杂而优美的句式，只要你能够用体贴的语言，去描绘客户所处的场景，以及在这个场景中遇到的未解决的高频痛苦，就可以打动客户，让他下定决心购买产品，改变他糟糕的境遇。

要注意的是，我们不可能体验所有人的生活，但是要保证自己写的文案符合大多数人的生活特点。这对于文案作者来说是一项比较高的要求。平时一定要注意观察周围人的生活，这样才能保证自己描述的场景符合各类客户的现实生活，不会让客户觉得他没有遇到过你描述的情况。例如，哪怕你没有成为一位母亲，对育儿的事情一无所知，也要努力培养一种能力，即从已婚朋友的谈话中摘取重要语句，理解已婚女性的生活、心理和态度。

4.3.2　360°还原生活场景

很多产品的应用场景非常广泛，如果只描写一个场景，并不足以凸显其强大的功能。那么能不能用多个场景来展示这款产品呢？答案是肯定的。而且，多场景描写更容易让客户产生一种认知：我买了这款产品之后，可以在很多种场合下使用它，而我只需要花一份钱，就可以解决多种问题，我做了一个非常英明的购买决定。

因此，当我们可以用较长的篇幅来介绍产品特性时，推荐使用多场景描写，甚至使用360°场景描写法，来帮助客户下决定购买。

例如，一篇推荐女士小香风丝巾的文案，就通过多个场景来描绘产品的使用价值。

第一个场景，职场穿搭。

在忙碌的职场中，一条小香风丝巾为你增添一抹温柔的气质。系于颈部，它轻轻点缀你的职业装，无论是搭配西装还是衬衫，都能展现出你的专业与优雅。

第二个场景，约会穿搭。

约会时刻，小香风丝巾为你增添几分浪漫气息。将它轻轻搭在肩上，无论是搭配夏天的连衣裙，还是秋天的风衣，优雅中都透露着柔美。在温暖的阳光下，丝巾的图案与你的笑容交相辉映，让浪漫氛围弥漫在空气中。

第三个场景，日常穿搭。

周末时光，一条小香风丝巾让你的休闲装扮更具时尚感。系在马尾辫上，它为你的日常穿搭增添一抹活泼。或是将它随意系在简约的

T恤上、牛仔裤的裤腰上，轻松演绎休闲时尚。

第四个场景，晚宴穿搭。

在灯光璀璨的晚宴派对上，小香风丝巾可以是你的吸睛利器。将它作为披肩，搭在晚礼服或小黑裙上，优雅而不失华丽。丝巾的光泽与晚宴的灯光交相辉映，让你成为派对上最耀眼的存在。

第五个场景，旅行穿搭。

在旅行的路上，一条小香风丝巾可以为你增添异域风情。无论是海边度假、古城探险还是草原驰骋，将它系在头发、手腕或背包上，都能让你在风景中成为一道独特的风景线。

这5个场景的描述，基本上已经解答了客户内心的多重疑问：我可以在什么场合下使用产品？如果是在某些特殊的情况下，产品还会有效吗？当我们用场景给出了回答时，客户会在360°还原的生活场景中对号入座，一边读着文案，一边找到答案，打消自己内心的疑虑。

怎样应用360°场景描写法，写出足够贴合客户生活状态的场景，而且避免遗漏呢？

第一种方法，可以从时间的维度，列出客户在一天中可能会使用产品的时刻。例如食品类的产品，可能在什么时间食用呢？早饭前、早饭中、早饭后、午饭前、午饭中、午饭后、午睡前、午睡后、下午茶时、晚饭前、晚饭中、晚饭后、睡前等。

第二种方法，可以从场合的角度，列出客户可能使用产品的多个场合。比如一款背包，可能的使用场合是：上学、放学、春游、近郊游、长途旅行、上下班、约会、相亲、搬家、见客户、面试等。

第三种方法，可以从人的角度，列出客户可能存在的不同身份。例如一款翻译机，可能使用它的人有出国旅行者、接待外国人的工作人员、阅读外国文献的学者、学习外语的人等。

第四种方法，可以从物品的角度，列出与客户可能有关联的物品。例如一款收纳箱可能承载的物品有：孩子的玩具、创作者的作品、衣服、被褥、过季的鞋子等。

360°场景描写法最重要的特点就是全覆盖，创作者要把客户可能想到的全部关于使用场景的问题列出来，然后还原，凸显产品可以给客户带来的便利。

4.3.3　六感描写

很多文案作者常常发现，自己写的文字平淡，客户读起来十分乏味，很难产生共鸣。当客户皱着眉头阅读我们的文案时，已经传递了他们不愿意阅读，甚至放弃购买的信号。

为了避免客户放弃购买，我们需要用一种可以让客户仿佛身临其境、觉得我们说到他的心坎里的描写方法，来让他一直读到文案的最后，对产品的性能充分了解、认可，然后从心底涌起购买的欲望。除了360°场景描写法之外，我们还可以通过六感描写，来达到让客户沉浸其中、对产品充满信任和期待的目标。

那么，六感描写说的是哪六感呢？其实，六感可以分为视觉、听觉、嗅觉、味觉、触觉及心态。为了方便记忆，也有人把它们总结为"眼耳鼻舌身意"。

将它们组合在一起，能够形成一幅生动立体的画面，调动客户的想象，仿佛其已经置身于我们描述的那个场景之中。我们可以通过以下案例，理解如何进行六感描写。

1. 视觉

视觉的描写一般会配合图片完成，而文字是描绘产品外形的关键。关于产品形状、颜色、材质、细节等的描写，会让客户展开想象，仿佛眼前已经呈现出产品的样子。而视觉描写中用到的词汇，将会决定客户对产品品质的判断。

例如描写剃须刀的文案如下。

剃须刀小巧精致，也就 AirPods 耳机壳那么大。

看起来格调不凡，合金压铸锻造的全包围机身，质感突出。

流线型曲面外观，乍一看不输 Zippo 打火机，让人忍不住想买。

例如描写化妆用的蜜粉的文案如下。

蜜粉一拿到手，我就被它的包装吸引了。

经典的宫廷浮雕花纹，摆在梳妆台上，美观大气。

开盖后，映入眼帘的是丝绒粉扑，柔软又亲肤。

不仅触感好，抓粉效果更是恰到好处，轻按两次的出粉量基本就是全脸的用量。

再看蜜粉本身，粉质实在太好了。

轻滑如丝绸，细腻似轻烟，扑在脸上好似能融进肌肤。

既能持久控油，又不会拔干，而且很通透、不假白，一扑妆面立马变高级。

2. 听觉

听觉的描写可以突破文字带来的平面感，让画面瞬间生动起来。

客户仿佛听到了什么样的声音、听到了多大的音量，这些都是听觉描写的重点内容。

例如描写剃须刀的文案如下。

拿在手上，婴儿拳头般的大小与沉甸甸的重量形成反差，灵动智巧，非常酷。

更妙的是，单手一推盖子就打开了，用完轻轻一扣，"啪"的一声，盖子立刻关住。

仿佛江湖侠客拔剑除恶之后利剑回鞘，帅气又利落。

3. 嗅觉

人们的嗅觉非常敏感，只要一丝丝的味道，就会让人们对一款产品产生好感或是厌恶。很多新手对嗅觉的描写，词汇相对比较匮乏，例如描写香味，多用芳香四溢。而这样千篇一律的文字，并不能触动客户的嗅觉。其实，嗅觉的描写还可以使用比喻、拟人的写法，让文字更加鲜活，客户也会更容易产生共鸣。

有一篇描写衣物留香珠的文案，是这样描写使用留香珠后的美好味道的。

这款留香珠洗的衣服，持香长达 12 周[①]，而且还能越穿越香！

洗衣服的时候，微胶囊会牢牢吸附在衣服上，穿衣、走路时衣物产生摩擦，微胶囊就像泡泡一样被挤爆，香气被源源不断地释放出来。

周围瞬间弥漫着自然的香气，仿佛自带的体香。

举手投足间都散发着迷人的魅力。

更厉害的是，这种微胶囊香精爆出的香味，是普通洗衣液的 10 倍[②]。轻轻一搓，仿佛置身花海。

正是通过微胶囊锁香技术，衣服在静置密封的情况下，持久留香长达 12 周。

也就是说，换季洗过的衣服放衣柜里，到下个季节还是香的。

洗完后打开洗衣机盖，香味扑面而来。整个阳台都弥漫着香气，逐渐蔓延至客厅、走廊、厨房，甚至旁边的厕所也被香气占领。

这款留香珠通过冷却芳香技术，从新鲜植物中提取花香。这种香气，香得自然好闻，不会撞香。

说明：

① 持香长达 12 周是指，在实验室条件下，晒干后密封存放 12 周，经鼻嗅，所测试织物仍留有香味，实验数据来自第三方实验室。

② 10 倍留香：对比单一使用本品牌普通洗衣液，衣物能长时间保持 10 倍以上香氛浓度。

4. 味觉

味觉的描写通常从产品入口的感觉开始，包括食品的软硬、味道、口感、湿润度等。因为客户看到的只有销售文案，并没有实物，所以我们要调动起他们的想象。如果客户一边读一边咽口水，那么说明你的描写已经勾起客户的食欲了。

例如描写代餐棒的口感的文案如下。

一口下去是裹了酸奶的巧克力涂层，蛋白棒外层烤得松脆可口，清爽不粘牙。口感极佳，热量却极低。

接着是香甜顺滑的糖醇夹层，咬开就能看到蛋白颗粒！它用的是属于优质蛋白的乳清蛋白，蛋白颗粒酥脆蓬松，虽然造型坑坑洼洼，但是口感非常棒，又酥又脆，越嚼越香！

它有三种口味：椰子曲奇、海盐芝士、香蕉凤梨。我最爱的就是香蕉凤梨味，里面有香蕉凤梨碎，咬到时酸酸的，非常好吃，中和了酸奶的甜腻，搭配满分！

5. 触觉

如果只看只听，却无触感，那么对一个产品的描写仍旧是不够完整的。客户就像面对一桌满汉全席，却只能站在一旁干咽口水。因此，触觉是非常重要的描写，创作者需要多下功夫。

例如描写化妆用的蜜粉的文案如下。

我用它这么多年，每次扑上脸，依然觉得惊艳。

使用时，清晰感受到蜜粉在脸上舒展，细腻如"烟"的粉体轻柔包裹肌肤。细腻粉质既能控油，又不拔干。你仔细瞧，我早上扑完它，到了下午也没出现起皮、浮粉的问题，就像天生的好皮肤。

6. 心态

当客户被一个产品的性能打动时，其心态会发生非常明显的起伏。那种激动的、满足的、赞叹的感觉，油然而生，这就是我们要描写出来的心态。它可以是情绪、态度、观点，可以是浓烈的，也可以是细腻的。它千变万化，贵在真实。当场景描写与心态描写巧妙结合时，成交是水到渠成的事情。

例如，一篇推荐大米的文案如下。

×××品牌联系我们

说其产品是五常大米

我们直接拒绝

说我们不销售五常大米

因为假的太多

可是 ×××品牌的创始人说

我们给您寄一份我们的大米

您试吃一下

如果您满意再销售

日常事忙

米到了拿回家一直没有吃

×××品牌一直催

直到那天晚上回到家里

闻到满屋子的米香

忽然一种久违的幸福油然而生

生活的幸福

不就是一屋米香

接着一屋米香吗

上文欲扬先抑，通过拒绝合作，表明市场上五常大米假货很多，后又通过描写闻到米香，展示了这款大米的高品质，前后对比，让人相信这是真的五常大米。这是正向的心态描写。

除此之外，我们也可以用负面情绪的描写来凸显使用产品解决烦恼的重要意义。

10 年前，我有一个非常重要的晋升机会。但是因为我的英语表达不够流畅，没法准确表达出自己的想法，领导认为我能力不足，最终让我错失了这次晋升机会。我特别懊恼，连着几个晚上失眠。为什么我没能掌握英语这一门语言呢？后来，我参加了一个成人英语培训课程，不仅纠正了我的英语发音，还用丰富的实践场景，模拟职场环境，让我在实际应用中掌握了英语沟通技巧。同事们都说，我的英语进步真大！

4.4　短文案模板：迅速吸引客户，高效成交的利器

有时候，文案的载体限制了文案字数，我们难以用充足的字数去阐述产品优势，只能用很短的几句话去展示产品亮点，让客户产生购买欲望。这时候，我们需要提炼出产品的核心优势，通过一些通用模板、方法来精准传递。我总结了3种短文案写作方法，可以帮助创作者迅速写出一篇合格的销售文案。

4.4.1　意外因果关联法

意外因果关联法（见图4.3），是指在文案中通过因果关系来强调产品的作用或者效果，首先抛出一个结果，后文再揭示产生这个结果的原因。需要注意的是，意外因果关联法，开篇呈现事情的结果，后文在揭示原因时要出乎意料，需要客户动脑思考，才能明白前后文之间的因果关系，以制造恍然大悟、让人拍案叫绝的效果。

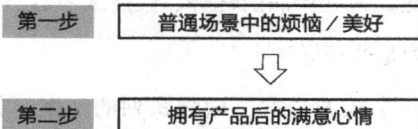

第一步	普通场景中的烦恼／美好

⬇

第二步	拥有产品后的满意心情

图 4.3　意外因果关联法

意外因果关联法与关联三步法较为相似，不同的是，关联三步法

分三步。而意外因果关联法分两步，开篇发生的烦恼或者美好并不存在意外，而是在第二步中存在意外。

例如一篇防晒衣的文案，是用意外因果关联法来写的。

我们穿上防晒衣

不是因为害怕太阳

而是为了拥抱太阳

——蕉下《所有的太阳》

第一句"我们穿上防晒衣"是结果，第二和第三句"不是因为害怕太阳，而是为了拥抱太阳"是为什么要穿防晒衣的原因。而且，在大多数人的眼中，穿防晒衣是为了抵御太阳的紫外线照射。而作者用了一个反转，出人意料地解释人们穿防晒衣出门，其实是为了在阳光下做自己想要做的事情，因此是为了"拥抱太阳"。

4.4.2 是非演绎法

在研究文案时，我发现了一种独特的写作手法，即通过呈现两种相似度很高的状态或者元素，以"不是A，就是B""是A，不是B""是A，还是B""不是所有的，都是""A是A，B是B"之类的句式来进行类比，衬托产品的优势、性能或者客户的心态。我把这种写作手法，称为是非演绎法。

例如RIO"一个人的小酒"微醺系列的文案，就应用了是非演绎法。

让我脸红的，究竟是你

还是酒呢

简单两句就将小酌时的羞涩甜蜜描写得淋漓尽致。"是A，还是B"的句式，传递了"酒不醉人，爱才醉人"的心理描写。这款小酒适合在什么场合喝、在什么心情下喝，客户读着文案，就可以得到答案。

地产广告文案中，黑弧奥美为光耀城二期创作的《先生的湖》系列文案，让人印象深刻，并且获得了当年的广告大奖。光耀城是山湖别墅，黑弧奥美通过市场调研，发现项目的目标客户是事业有成的中年人。他们西装笔挺，经常出入高级场所，他们对私人空间和自然的渴望越来越强烈。《先生的湖》系列文案围绕先生（目标客户）与山湖（产品优势）展开，演绎了先生纵情山湖的慢生活，令人陶醉和向往。系列文案中也运用了类似的是非演绎法。

鱼什么时候来，是鱼的事

先生什么时候来，是先生的事

先生来钓鱼，那是先生和鱼的事

先生的湖，是先生和鱼的心灵居所

这段文案的前两句，应用了"A是A，B是B"的句式。大多数人来钓鱼，往往希望满载而归。可是在这里，鱼戏水和先生钓鱼，是两件完全不相关的事情。先生和鱼都自由自在地享受着湖光山色，其乐融融。这种与传统认知产生强烈反差的描写，让读者对先生的湖产生了梦幻的遐想，久久难忘。

4.4.3　一句话超短文案

有时候，我们需要用一句话文案写明白产品的优势。它可能出现在产品说明书的封面，也可能出现在手提袋上、朋友圈里、包装盒上、产品宣传海报上、广告推文里。字数越少，对作者的要求越高，因为作者需要用精准、简短的文字，去表达深刻而丰富的内涵。很多新手常常不知道该如何落笔，其实，只需要将产品优势转化为客户价值，就可以写出让人称赞的一句话文案。

举个例子，假设我们现在要销售一款蜜粉，这款蜜粉的优势是控油能力强、遮挡毛孔、粉质细腻。然而，这些描述都是产品优势，并不是客户价值。那么，它的客户价值是什么呢？是让肌肤看起来像剥了皮的熟鸡蛋一样细腻无暇，是人人都夸使用者的皮肤好。于是，我们就可以用"皮肤好"这个客户价值来写出一句话文案：

随时随地扑一扑，让你拥有宛若天生的好皮肤。

当然，文案不固定，每一次创作，因为我们想要凸显的客户价值不一样，文案也会呈现不同的演绎风格。

例如还是这款蜜粉，如果我们发现，这款蜜粉中蕴含某种可以滋养皮肤的成分，并且长期使用可以让用户的肌肤越来越好，那么文案也可以这样写：

一扑控油藏毛孔，小脸清丽剔透，越养越好。

如果我们要用一句话文案销售代餐棒，那么第一步同样是总结产品的优势，然后把这个优势转化成客户价值，也就是能为客户带来什么好处。因此，它的一句话文案就可以是：

1根的蛋白质 = 3杯纯牛奶

这种成分含量的换算是非常直观的，是非常好的描写方法。不过，要注意的是，用来做类比的物品，要是我们销售的产品的重要替代品，它是生活中比较常见的。例如在生活中，大多数人会通过饮用

1杯纯牛奶摄取蛋白质，而很少用奶片、奶条作为主要的蛋白质摄入食材。因此，这里用纯牛奶做换算，大多数人会容易理解。如果改用奶片、奶条来做换算，效果就会大打折扣。

注意

短文案就像一支充满力量的箭，如果想要射中靶心，一定要瞄准客户价值，文案展现出的客户价值越大，客户越容易采取购买行为。

第5章

技法 2：爆款销售文案速成秘诀

市面上有很多爆款销售文案，在细细研究后，我发现它们或多或少遵循了一些成熟的写作框架。我把这些写作框架进行整理归纳，总结出一套可复制的写作模板，并在文案写作和教学过程中加以应用。我惊喜地发现，有些毫无写作经验的新手学员，也能通过熟练掌握这些写作模板，写出可读性强、销售成绩优秀的销售文案。

本章包含的爆款销售文案的秘诀如下。

- 应用 FAB 法则：用三步写出金牌文案。

- 具备客户思维：找到触动心灵的选题。

- 掌握产品价值塑造术：打造价值感文案。

- 学会文案写作技巧：吸引客户注意力的三板斧。

- 掌握灵感挖掘法：避免文案创作中的灵感枯竭。

　　快速写出爆款销售文案的秘诀其实只有四个字，就是客

户思维。写作时，时刻站在客户的视角审视文案，就可以避

开许多雷区，写出客户感兴趣的好文案。

5.1　应用 FAB 法则：用三步写出金牌文案

　　自嗨式文案随处可见，能引起共鸣的文案万里挑一。如果想要让客户轻松看懂我们写的文案，并且明白产品有哪些优势，可以解决他们的什么问题，那么我们可以应用 FAB 法则来撰写文案。

　　FAB 法则是一种可以梳理产品核心卖点的工具。F、A、B 这 3 个字母分别对应 3 个英文单词：Feature、Advantage、Benefit。这 3 个英文单词分别是特点、优势和益处的意思。当我们按照挖掘特点、突出优势、展示价值进行梳理，就可以清晰地总结出产品的核心卖点。接下来，我们将分成三步详细介绍。

5.1.1　Feature：挖掘产品特点

　　这里的挖掘，指的是列出产品的全部特点，不重复、不漏项、不做筛选。无论这个产品特点是不是有优势，我们在这一步都要列举出来。为了避免漏项，我们可以遵循一定的逻辑顺序，比如从外到内、从大到小、从重要到非重要来进行列举。

　　例如我们要销售的是一个文案社群，那么这个社群的全部特点就可以这样列举。

（1）讲师有 10 余年营销经验、20 余年写作经验，是知名平台的签约作家，辅导过上百位文案学员成功变现。

（2）社群内每年分享文案写作干货 100 期。

（3）分享内容接地气，有文案理论，也有可以复制的案例和模板。

（4）分享内容为文案变现，尤其聚焦朋友圈文案，即怎么写文案可以卖货。

（5）社群内每周答疑 1 次（不局限于文案，还可以讲解营销知识）。

（6）社群以微信群为主，群内分享内容会在知识星球内同步更新。

（7）不定时有变现"加餐"分享。

（8）鼓励社群内成员相互交流，共同成长。

（9）社群费用为 399 元 / 年。

（10）已有多位年收入 50 万元以上的创业者加入学习。

（11）35% 分销比例，推荐新学员可以获得分销提成，推荐 3 人即可免费学习一年。

在挖掘产品特点时，应客观描述，也就是只定量、不定性，说清楚每个特点，而不加以"好不好""值不值"之类的主观评判。

5.1.2 Advantage：突出产品核心优势

产品优势是怎样梳理出来的？根据第一步穷举出来的特点，将每一个特点都与市面上的竞品特点进行对比，然后得出的结论。在这一步，我们将保留那些"人无我有、人有我优"的优势，而忽略那些和竞品差不多，甚至与竞品相比有劣势的特点。"人无我有"，就是别人的产品没有的特点，我的产品具备，这属于配置更多；"人有我优"，就是别人的产品拥有的特点，我的产品也具备，而且我的产品更有优势，这属于配置更高。

在这一步中，要注意仅仅对比优劣势，也就是"比竞品好在哪里""竞品差在哪里"。

仍以社群文案为例，我们将第一步列出的特点——与市面上的竞品特点相比，可以得出以下结论。

第一类，人无我有的优势。

（1）大多数文案课是视频课或者音频课，没有建立微信群，不方便互动学习，而我们有微信群可以交流互动。

（2）即使是有微信群的文案社群，多数也不提供每周 1 次的社群答疑服务。而我们的文案社群内每周答疑 1 次，不局限于文案，还可以讲解营销知识。

第二类，人有我优的优势。

（1）竞品的文案社群每周分享 1 次文案写作干货，一年 50 多次；我们的社群每年分享超过 100 期文案写作干货，分享次数是竞品的 2 倍。

（2）竞品的社群是按照课程表分享的，没有"加餐"；而我们的社群不定时有变现"加餐"分享。

（3）竞品社群分享的内容只能在学期内回看；而我们的分享内容会在知识星球内同步更新，可以永久回看。

（4）竞品社群往往不允许在群内讨论与主题无关的内容；而我们的社群鼓励社群成员相互交流，共同成长。

（5）我们社群费用为 399 元 / 年；竞品社群费用为 199 元 / 月，

或者 1 999 元 / 期、2 999 元 / 期，一期是 2~3 个月。

（6）竞品社群的文案以新媒体公众号、视频号为主；我们的分享内容为朋友圈文案变现，对微商、开展副业的兼职者、文案新手更友好，更容易上手。

（7）竞品的文案课程是陈年资料；我们的内容是最新模板，而且理论、模板、实践三合一。

（8）竞品文案课分销提成为 10%~20%；我们社群的分销比例为 35%，而且即时结算。

第三类，没有明显优势，也没有明显弱势。

我们的社群已有多位年收入 50 万元以上的创业者加入学习，竞品社群对这方面没有相关介绍。

第四类，有明显弱势。

我们的讲师经验丰富，教学水平较高，但知名度不如竞品社群的讲师。

5.1.3 Benefit：展现产品价值

在梳理出产品的优劣势之后，就到了 FAB 法则的最后一步，即把产品优势转化为对客户的价值，用文字呈现给客户。在转化时，我们会把产品的核心优势进行转化（如上一步的前两类优势，也就是人无我有、人有我优的优势），而忽略产品的弱势或者没有显著特征的特点。

仍以文案社群为例，我们已经总结出它的核心优势有 10 条（人无我有的有 2 条，人有我优的有 8 条），那么这些优势对客户都有哪些价值呢？

（1）学1年顶2年，快速进阶（一年分享文案变现干货100多期，分享次数是竞品的2倍）。

（2）即使是新手，也能轻松学会文案技能（朋友圈文案理论、模板、实践三合一，还有知识星球同步更新资料，可永久回放）。

（3）随时解决你的问题和痛点（配备文案微信群和答疑服务）。

（4）迅速挣回N倍学费（教你写文案卖产品，提升销量，另外社群有35%的分销奖励）。

（5）与时俱进的变现干货，踩着风口更容易变现（不定时变现"加餐"，提升思维，让挣钱更简单）。

（6）学习氛围好，学习有结果（群内讨论、群内互助、讲师答疑，不容易掉队）。

这6个客户价值，其实总结起来就是9个字：学得会、易上手、挣钱快。

当我们在文案中，围绕这3个方面6个小点进行展开描写时，客户就会清晰地感知到这个文案社群能够带来哪些价值，相比于它的价格，投入是值得的。

当然，有时候我们没有那么多的篇幅去描述3个方面的内容，那么我们可以把这3个方面总结为一个核心价值。客户为什么要学习文案呢？是为了掌握更多的写作模板吗？是为了拥有更多的课程资料吗？是为了每个人竖起拇指，夸他的文案写得好吗？其实不是的。他们想要掌握文案写作技能之后，可以轻松写出更多文案，卖出更多产品、获得更高的收入。因此，这个社群文案的价值是：

你买的不是文案社群，而是每天业绩的增长。

以上就是 FAB 法则的应用拆解，我们最后总结一下每一步要注意哪些问题。

第一步，列举特点时，要注意不要漏项，可以按照一定的逻辑顺序进行列举。

第二步，总结优势时，要注意做好竞品调研，客观描述，避免主观判断。

第三步，转化价值时，要注意站在客户的角度思考，这个优势可以给客户带来什么价值，客户愿意花钱购买的不是产品的成分、性能、服务，而是这个成分的功能、这个性能带来的便利、这项服务带来的感受。

5.2 具备客户思维：找到触动心灵的选题

在寻找选题时，文案创作者最容易犯的错误就是以自己为中心——自己对什么感兴趣就写什么。不过，文案创作者感兴趣的文案，目标客户不一定感兴趣。目标客户会拒绝阅读自己不感兴趣的文案。因此，选题时最重要的一点，其实是具备客户思维。

5.2.1 普世性原则：找到大众的感同身受

文案创作者要站在客户的角度思考问题：客户对什么话题感兴趣？客户想要知道什么信息？客户想要解决什么问题？客户有哪些心里话想要倾诉？

具备客户思维并不意味着溺爱客户，完全顺着客户来。遇到客户不感兴趣的话题，我们也不是坚决不写，而是要花心思去思考，怎样能让他们从不感兴趣的话题过渡到感兴趣的话题。

在做选题筛选时，如果我们想要写出人人叫好的文案，可以应用普世性原则。普世性原则就是从普通人的视角去看问题，找到普通人最容易产生共鸣的点。人是具有情感和情绪的高级动物，有一些情感和情绪，不会因为种族差异、社会地位、生活城市、年龄、性别的不同而有截然不同的判断标准。如果我们的选题融入了这些情感和情绪，那么就很容易引起大多数人的共鸣。

情感方面：亲情、友情、爱情、爱国情、思乡情等。

情绪方面：喜、怒、哀、乐、愁等。

例如，亲情是陪伴每个人一生的情感，我们可以从人生的不同阶段来歌颂父爱、母爱。父爱如山般深沉，母爱似海般包容。从孩子蹒跚学步、牙牙学语，到求学离家、父母惦念，有非常多的感动瞬间，让我们难忘。当我们有了自己的孩子，身份发生转变，成为父母的我们，才更深刻地理解当初父母养育我们的艰辛、深夜难眠的担忧。每一根白发，都是爱。每一句话，都是爱。

当描写爱情时，我们可以从不同阶段去展示不同的心态和心境，比如初恋时的情窦初开、热恋时的情意绵绵、求婚时的浪漫盛大、老来相伴时的不离不弃等。

其他情感和情绪，也可以从生活出发，按照时间维度或者不同角色的维度，选择一个选题切入。这里就不一一赘述了。

普世情感的写作不挑时间，但是建议在节日来临时写作。受到节日气氛的烘托，人们埋藏在内心深处的情感被激发，文案帮人们说出了自己难以言表的情感，因此更容易引发强烈的共鸣。

例如妇女节时，每日优鲜从爱情的角度切入，字里行间流露出动人的爱意。

认识的第一年

土豆丝被她切成土豆条

在一起的第三年

盘里的醋多醋少

取决于咱俩的矛盾大小

还好没有人比我更知晓

碗里的醋有多少

心底的爱就有多少

这篇文案充满"烟火气"，恋爱中的男女，可能记不得上一次对方为自己做了什么美味，却不会忘记两个人充满仪式感的第一顿饭。这篇文案就是从做饭这个场景出发，细腻地描写了两个人在日常生活中流淌的满满爱意。

虽然普世性原则应用很广泛，也非常容易戳中目标客户的软肋，但是很多文案作者依然感觉，写情感文案并没有想象的那么容易。这是因为情感文案必须从心出发，而不能为赋新词强说愁。

想写出打动人心的情感选题的文案，可以从以下两个角度入手。

（1）培养共情心理。共情心理指能够站在对方的角度去思考问题，把自己代入对方的身份、认知、困难之中，而不是站在道德制高点去俯视对方。有些人天生就具备这种共情心理，对他人的情绪具有较高的感知力；也有一些人，即使对方明确表示自己现在情绪很低落，他也未必能够捕捉到对方的难过。天生对情绪感知不那么敏感的人可以试着通过学习心理学或者写日记的方式培养自己的共情心理。

（2）关注热点事件的评论导向。每天都会发生很多热点事件，每个人对这些事件的评论，都会受到自身的成长经历、社会阅历、受教育程度、主观情绪的影响。一个优秀的文案创作者要注意避免失之偏颇，在根据既往经验和认知做出评判之后，也要格外留意热点事件的大众评论。这些评论可能会出现在朋友圈、微博评论区。我们可以通过大众评论来感知大众对这个热点事件最关注的点是什么。

5.2.2　特殊性原则：引起一类人的共鸣

当我们的目标客户是特殊群体时，普世性原则就不那么贴切了，这时，我们就可以使用特殊性原则，对"点"打击，戳中这个群体的靶心，引发圈层共鸣，让话题迅速在这个群体中广泛传播。

在使用特殊性原则时，作者会面临一个两难的境地：到底是写自己擅长的选题，还是写话题热度高的选题呢？其实，可以综合考量。例如在话题热度高的圈层里，选择自己擅长的选题，这样作者在撰写文案时，更容易站在这个圈层的角度，写出自己对这个圈层的理解和观点，这样的文案也更容易获得圈层的认同，最终成为爆款。

另外，要关注地域的周期性热点，提前规划选题。例如北京4~5月飘柳絮，江浙6~7月进入梅雨期。特定圈层也有周期性热点，比如学生开学、老师过教师节、毕业生求职等。

确定了圈层，接下来的问题就是如何找到圈层的共鸣点。这时候就要依靠我们自身的优势，去洞察这些圈层。每个人存在于多个圈层中。例如，从地域上来说，一个人祖籍是吉林，生活在辽宁，在山东读大学，就会对应多个地域圈层。再例如，从行业上来说，一个人可能做过财务、销售，卖过保险，那么其也会有多个行业圈层的朋友。在寻找圈层的共鸣点时，可以先从自身的生活出发，也可以通过采访相关人士，来找到这个圈层人群内心世界的痛点、兴奋点。

需要注意的是，在文案创作时，不能为了流量而故意煽动两个圈层的对立情绪，引发两个圈层的矛盾，这是不道德的行为。当写到 2 个圈层相关的文案时，要尽量客观公正，引导大众情绪向着积极的一面发展，而不能故意激化矛盾，主动制造焦虑。

5.3　掌握产品价值塑造术：打造价值感文案

快速购买的前提是客户觉得物超所值，不容错过。然而一些商家误以为产品优势就是价值感，因此没有花费精力在价值感的塑造上，结果影响了产品销售。其实价值感与产品优势截然不同：价值感是产品的价格远低于带来的客户价值，而产品优势是自家产品比竞争对手的产品好。那么怎样塑造产品的价值感呢？有 2 个好用的方法。

5.3.1　5 步塑造产品价值感

在了解 5 步价值塑造法之前，我们先思考一个问题：当我们购买一款产品，仅仅是因为需要这款产品的使用价值吗？例如，鞋柜上已经有几双运动鞋了，为什么我们又买了一双？梳妆台摆满了化妆品，为什么我们又买了一套？

除了产品的使用价值以外，客户买的到底是什么？

在生活中，人们往往趋利避害。

趋利，就是人们往往想过上更美好的生活，比如变得更漂亮、变得更健康、挣钱更容易、精神状态更好、时间更自由……

避害，就是人们想要远离那些会对自身造成不良后果的事情。比如老人不想生病，孩子不想考试不及格……

当我们了解了客户的这两种诉求，就会明白，**客户不仅会为了产品的使用价值而买单，也会为了拥有产品以后的美好生活而买单。**我们销售的产品，是帮助客户解决问题、拥抱美好生活的一个载体。

也就是说，我们卖给客户的不只是我们的产品，更是产品可以给客户带来的美好未来。如果拥有了这个产品，客户的未来没有明显改变，客户会不解地问："我为什么要花钱买呢？"

因此，这个美好未来一定要是客户想要的。我们要有专业的产品、方案和服务来帮客户实现这个美好的未来，然后客户会为了这个未来而支付给我们报酬。

客户不仅会根据产品的材料、产地等物理属性来衡量产品的价值，也会根据自己想要的结果来衡量产品的价值。

明白了客户的心理，我们在塑造产品价值的时候，就一定要描述客户心里想要的那个未来是什么样子的。不然，客户读了文案，要么没有感觉，要么嫌贵，很难下单购买产品。

当然，找到客户心里想要的未来，也需要费一番功夫，但是这个环节必不可少。我举个例子，大家会更容易理解客户想要的未来到底是什么样的。

例如，小明要去大连旅游，他选择花一个多小时坐飞机，而没有选择花四五个小时坐火车，原因可能是不同的交通工具带来的乘坐感受不同，也可能是其计划用在交通工具上的预算不同，还可能是因为乘坐时间的长短不同。如果客户想要的是节省时间，那么节省下的三四个小时，客户可以多去一个景点游玩，或者多休息小半天，自由享受本次旅程，这就是客户想要的未来。

因此，我们在表达的时候，可以不仅仅描述飞机更节约时间，还可以描述同样是 X 天的旅游，客户可以多去一个景点游玩，让这次的旅程增加一份美好回忆。客户也可以用这个省出来的时间休息小半天，以保证再出发时精力能更充沛，从而游玩得更开心。

甚至于，在做价值塑造的时候，哪怕我们只简单描绘了这个产品是什么，客户就会为这些未来的场景而心动。

因为，客户的需求只有放在场景中，才能够被其更加明确地感觉到，所以价值感体现在美好生活的具体场景中。

读到这里，你脑海中闪现过哪些广告文案描写过的场景？例如"孩子发烧总不好，快用×××""胃不舒服、胃好难受，快用×××""哪里不会点哪里，妈妈再也不用担心我的学习了"；这 3 个场景都可以算是避害的场景，分别躲避的是孩子发烧、胃不舒服、家长辅导功课有困难的状况。

趋利的场景是什么样子的呢？例如使用一款化妆品后，"皮肤整天水润，早上起来皮肤不紧绷，很舒服""镜子里的肌肤白透"。

把客户想要实现的结果（美好未来）放在一个场景里表达出来，客户就会觉得产品很有价值。你展示的未来越美好，客户越愿

意付钱。

需要注意的是，如果客户是普通消费者，那么场景需要接地气。如果场景不接地气，普通消费者就会对该产品无感，因为和其生活场景不对应。

总结一下，如何塑造产品价值感？我做了以下 2 个公式。

1. 通过描述场景，展示价值感

描述公式：**什么人 + 什么情况 + 用什么产品 + 怎么用 + 有什么好处。**

晚上睡觉前，我会靠在沙发上，细细品读这本关于沟通学的书，并对里面关于良性沟通的方法画线、摘抄、背诵。和朋友、家人交流时，虽然难免会有意见不同的时候，但是我尝试着运用书里的沟通模型、方法后发现，自己和别人的沟通比之前更顺畅了，他人也更愿意接受我的观点。

2. 通过呈现效果，展示价值感

描述公式：**时间 + 效果对比。**

才 1 个月，我和孩子的关系更亲密了，孩子会愿意和我聊聊学校发生的事，而不再是一回家就躲进房间里。

时间越短、对比越强烈，越能深化客户对产品的价值认知。相反，如果缺乏对比的效果和时间的限定，产品就会无价值感，自然也就不容易卖出去。

不过，要注意的是，禁止虚构产品效果，呈现产品实实在在的效果即可。

在掌握了上述 2 个文案公式之后，我们就可以按照 5 步价值塑造法，来让我们的产品充满价值感。这 5 步分别是什么呢？下面一一进行讲解。

第一步，分析什么人使用，也就是目标客户是谁。

例如一款护眼眼罩，适合成年人使用。然而，如果我们这样写，那就会变成没有重点，目标客户也不会觉得"这款产品就是为我这样的人设计的"。因此，我们可以列出所有需要使用产品的目标客户，越细致越好，越全越好。例如，老人、中年男人、中年女人、大学生……

第二步，解释这些目标客户为什么要使用我们的产品，也就是他们要解决什么问题。

例如，客户在使用了这款护眼眼罩之后，可以缓解眼睛干涩、眼睛痒等问题，我们把这些可以解决的问题全部列出来，越详细越好。不过，如果只这样轻描淡写，客户并不会觉得这个问题严重影响了他们的生活，必须马上解决。因此，在描述问题时，我们还要深入讨论这个问题可能带来的隐患，写清楚这个隐患带来的糟糕结果，并且这个结果是客户不能承受的。

第三步，阐述什么场景下可以使用这款产品。

我们在选择场景时，要结合人群特征、他们要解决的问题，每个场景匹配一个问题。同时，这些场景一定要贴近生活，才能让客户产生强烈的代入感。

以老年人为例，护眼眼罩使用场景有：晚上睡觉时戴眼罩；中午小憩时戴眼罩；看电视眼睛累了，戴着眼罩在沙发或者床上休息一会儿；旅游时飞机上戴着眼罩睡觉；坐长途汽车时戴着眼罩休息……

例如中午有点困了，小憩时可以戴上这款眼罩，闭眼 15 分钟。

原本疲惫的眼睛被一股清凉感包裹着，久久不散，非常舒服放松。

第四步，设定购买标准，也就是买这类产品，要参考什么标准去做选择。

这里提到的购买标准可以是行业制定的，也可以是商家自己设定的。我们只要用文案写出来产品是优于购买标准的，就可以让客户感受到产品超值。

例如，新车往往会送几年整车免费保修的服务，而某品牌汽车的汽油车甚至可以享受终身免费保修（需满足一定条件）。那么，用免费保修时间来充当汽车的购买标准，就会对客户下单产生积极影响。

客户对一些新兴行业的信息获取较少，因此其认知是模糊的，他们并不知道到底要用什么标准来判断一款产品。这时，就需要商家用文案帮助客户设定购买标准了。那么，有哪些购买标准呢？例如，安全、无副作用、有专利、戴着舒服、感觉冰凉、可以长期使用等。

如果商家懂得把自身产品的优势转化为购买标准，那么客户按照这个标准筛选产品时，大概率会买你的产品，因为其他产品都不满足这些标准。

例如，一款护眼产品的购买标准是这样设定的，配方要尽可能遵照李时珍的《本草纲目》，这样其他竞争品牌因为未遵照这个标准，就可能被客户排除在购买清单之外。

纵观古今，若要找一个对四时草木了如指掌、集草木养身之大成者，那可能非李时珍莫属。中华大地千百种草本食虫，早已被他写透了，时至今日依旧影响深远。

有些品牌在研发本草产品时，都要参考他的著作，几十年来，成就了一个个叫好又叫座的经典。而××品牌，也遵照《本草纲目》科学改良而成。

为了将配方奥秘搞明白，研发出更出彩的眼部保健品，品牌方特别邀请了研究李时珍近40年的学者，来担任这款产品的主要研究员。

第五步，选择这个产品的理由，也就是强化产品的优势和性能，讲清楚产品带给客户的价值。

这一步切忌沉迷于自吹自擂，而要把优势转化为给客户的价值。

××商务笔记本电脑，专为商务人士设计。薄至17.2毫米，轻至1.45千克，如此轻薄的机身，胜任多种商务场合，轻松携带不费力。屏幕可以约180°大开合，可调整至合适的角度，内容随心看。14英寸FHD防眩光屏，兼具高亮度和高色域等优点，画面更悦目。支持电子书模式，类纸张的显示效果，打造亲切友好的阅读体验。最高配备56Wh电池，65W一体式充电器，一充多用，支持为多种移动设备充电。

经过这5步，一款产品的价值已经非常立体地呈现在目标客户眼前，让客户心里产生高度认同和拥有它的渴望。此时，如果价格远远低于客户的心理预期，客户自然会购买。

5.3.2 设计吸引客户的成交主张

很多客户在购买产品之前，都会问自己一个问题：我为什么要买你卖的产品呢？

前面的5步价值塑造法可以解答客户"为什么要购买你的这款产品"的疑问，却不能解答"为什么找你购买，而不是找别人购买这款产品"的疑问。有些品牌的产品并不是自营的，这些产品会被非常多的代理商、经销商售卖。客户认可了这个品牌，可是并没有决定要从哪一家授权代理商或是授权经销商处购买产品。商家要做的就是在同品牌的多家授权商中脱颖而出。

产品是一样的，要想脱颖而出，就要在价格和服务上找到优势。这时，我们可以设计客户不可抗拒的成交主张，来让客户在我们这里购买、在此刻购买。

什么是成交主张呢？成交主张就是商家给客户的理由：为什么要在本店购买某品牌的产品。这个成交主张的特点是非买不可，别无选择。

你可能又惊讶又好奇，这个成交主张到底是什么意思呢？别急，我们先看一个小故事。

有一个卖西装的店铺，因为面对的都是准备求职的毕业生，销售的多是200~300元的西装入门款。销量虽然高，但是客户买完了就基本不再光顾了，店主为此非常发愁。于是，他请了一位营销专家，帮他出个主意。这位营销专家提出两个观点。

第一，入门款西装虽然利润低，但是好在销量高，是现金流产品，可以保证店铺稳健发展，因此不能放弃这个产品。

第二，这个店如果想要获得更多利润，需要重新设计成交主张，来吸引回头客。这个成交主张就是"买一送九，三年退换"。买一套300元的西装，赠送9件衬衫。而且，在购买西装后3年里，这9件衬衫只要没有拆封、水洗，不影响二次销售，随时可以退换。

客户一旦听到这个成交主张，一定会惊诧地张开嘴巴，忍不住问一句："真的吗？"因为他们没听说任何一家店铺做出这样的成交主张。而这个成交主张，一定会对那些有购买西装想法而在犹豫、在对比的客户有强大的吸引力。

更精彩的还在后面，9件衬衫不是当场就送。在购买西装后的9个月里，每个月只要客户自己到店，就可以带走1件衬衫。商家还承诺，如果客户带了朋友来，只要他的朋友之前没有来过店里买衣服，朋友也可以获得1件衬衫。

就这样，买了1次西装的客户，就变成了未来9个月都会到店来的客户，而且，还有了介绍朋友到店的理由。

通过这个小故事，你对成交主张的概念应该有更加直观地认识了吧。在设计成交主张时，一定要记住：**如果你的主张没有吸引力，那你所有的营销策略都是无效的！无论你在什么渠道做广告，无论你花多少时间和客户建立感情，都是徒劳的！**因此，我们需要在执行营销行动之前，先想清楚成交主张。

那么，什么样的成交主张，更容易赢得客户的欢心？

1. 无理由退货承诺

多数消费者认为，线上购买与线下购买最大的不同就是，并非眼见为实，所以很可能出现货不对板等风险。早年电商平台靠着7天内无理由退货，赢得了信任，后来这也被很多实体店效仿。大家对于无理由退货承诺并不陌生，但是同样是无理由退货承诺，怎样做到脱颖而出呢？很多商户承诺了7天内无理由退货，还有一些商家承诺14天内无理由退货，甚至也有商家承诺30天内无理由退货。长时间的无理由退货承诺会让客户眼前一亮，增加客户对产品质量信任度。即使客户默认商家允许退款，但是商家也要在文案中加以强调，以便消除客户的顾虑。

2. 免费试用

免费试用的案例非常多，例如很多净水器可以免费试用一段时间，客户觉得不好不收费。当然，部分功能也能免费试用，例如网盘的 VIP 会员功能，就会经常推出免费试用机会；一小份产品也能免费试用，比如化妆品的小样、纸尿裤的试用装等。免费试用可以降低客户买错货的成本，让客户更容易接受。

3. 购买送赠品

千万不要忽视赠品的力量，影响客户做出购买决定的因素，除了正品，往往还有赠品。在设计成交主张时，商家可以提供赠品大礼包，如果赠品的价值比正品高，那么你可能会看见很多客户购买的局面。

例如，美国拉斯维加斯的一家五星级酒店，虽然设施非常豪华，但位置非常偏僻，因而影响了生意。后来，这家五星级酒店更改了成交主张，原本平均一晚的房费是 200 美元，现在客户只需要缴纳 398 美元，就可以在这个酒店住 3 个晚上。不仅如此，入住时还可以免费喝酒店的香槟。这样的成交主张，对想要住酒店的人来说非常有吸引力，这个酒店也因此走向辉煌。

4. 允许分期付款

分期付款现在不仅被用在价格较高的商品上，也被用在中等价格的商品上。客户不用一下子支出太多的现金，就可以优先使用商品，这变相降低了其购买成本。

5. 货到付款

货到付款也是较为常见的成交主张，客户如果担心商品质量，可以在收到货时，验货后再付款。货到付款服务，可以让原来担心产品质量的客户，放心下单，从而增加产品销量。

6. 有条件的退款保证

有些产品虽然效果好，但是需要客户遵照使用说明，耐心等待一段时间，才能见到效果。这时候，就可以采用有条件的退款保证，来打消客户的顾虑。例如一款治疗白头发的洗发水，在文案中给出了如下承诺。

你无须为无效买单。

郑重承诺60天无条件退换货，因为我们对自己的产品非常有信心。

给自己一次白发根变黑的机会，用3个月的洗发水的钱，来买发根变黑。

使用满60天，提供使用前后拍照对比图（附上拍摄日期），卖家承诺按疗程使用，头发不黑就退全额。

7. 双倍甚至多倍退款

双倍退款是比退全款更加吸引人的成交主张，甚至于有的商家采用3倍、10倍的退款主张。这种类型的承诺是有条件的，否则商家将损失巨大！例如，在某快递服务的文案中，是如下承诺双倍退款的。

如果超过约定的送货时间，我们将进行一定赔偿。超时30分钟以内，赔付100%运送费；超时30分钟以上，赔付200%运送费。

8. 保留赠品

商家可以向客户承诺在退款后，仍然可以免费保留所有的赠品。事实上，这个承诺可以大幅度降低退款率，因为客户反而不好意思退款了。文案中，我们可以采取如下表述。

即使您最终选择了退款，也可以保留我们赠送给您的全部赠品。期待在下一次的合作中，我们可以为您解决更多问题。

9. 部分退款承诺

部分退款承诺，可以是享受服务一段时间以后，退还部分款项；也可以是使用一部分产品后，退还一部分款项。例如一款软件，年费 1 000 元，如果只用了半年，那么可以退回 500 元，以此类推。例如一款保健产品，客户购买了 10 盒，只使用了 3 盒，打算退款，那么可以退回剩下 7 盒的钱。如果商家能够提供这样的成交主张，就应该在文案中的重点位置写出来，这样会大大提升文案的转化率。

注意

文案的目的不仅是让客户购买我们的产品，更是让客户现在就购买我们的产品。因此，5 步价值塑造法与成交主张缺一不可；另外，在成交主张上，还要加上活动有效期，也就是在活动期内购买产品，才可以享受上述优惠价格和赠品，一旦活动结束，产品即刻恢复原价，客户不再享有活动赠品，这样客户很可能会在活动期内购买。

5.4 学会文案写作技巧：吸引客户注意力的三板斧

要想吸引客户的注意力，可以在文案写作时重视以下 3 个部分，分别是吸睛标题、子弹头短句、特殊说明。我们可以用一些强势句式撰写标题，吸引客户的注意力。在正文中，还可以使用有力的短句，像子弹头一样突破客户的心理防线。文末的特殊说明，则可以通过强调成交主张，长时间获得客户的注意力，让客户更容易采取行动。

5.4.1 吸睛标题

好的标题可以提升广告效果。标题起得好，文案已经成功了一大半。前文中我已经分享了五大标题黄金法则，按照这些法则来撰写标题，可以让你的标题脱颖而出。除此之外，如果要想让标题取得更多的关注，我们需要用到一些强势句式。

在多年的写作过程中，我发现有一些句式可以用在很多句子中。它们天然具有极强的吸引力，只要使用在标题中，就会让读者挪不开目光。我称这种句式为强势句式。

1. 以"如何""怎样""为什么"提问的标题

"如何写出阅读量超 10 万的文章"

"怎样在 10 天之内背下来 300 个英语单词"

"为什么你的产品没人买"

这些标题的特征是应用了"如何""怎样""为什么"这类的疑问词，引发读者的好奇心，并且暗示后文将提供这些问题的答案，以此来吸引客户阅读。

2. 前后对比强烈的标题

"从不敢说话到社交达人，她的变化有什么秘诀"

"4 岁萌娃替主持人救场：网友惊呼'我也想要这样的女儿'"

"这届年轻人，用'精打细算'撑起了 300 亿元的市场"

前后对比强烈的标题，很容易让读者在脑海中产生"为什么会变成这样"的疑问，从而继续阅读。

3. "看完××，我才明白××"式标题

"看了 ×× 被央媒痛批，我才明白为什么自律这么重要"

"听完这段话，我明白了 ××× 凭什么 3 次获得 ×× 荣誉称号"

"见到东北的倒骑驴，就理解了什么是工业奇迹"

这个句式的前后两句具有强烈的关联性，后面一句要抛出一个问题，以此来引发读者的疑问，提升阅读率。

当然，这个句式也可以倒装，把热点的信息排在前面，论据放在后面，例如，"××× 凭什么 3 次获得 ×× 荣誉称号？听她的这段话就知道了"。

4. "对不起，×××"式标题

"对不起，Excel 用不好的人在职场真的吃亏"

"对不起，我们又要涨价了"

"对不起，只剩最后 2 套"

"对不起"句式标题的妙处是，在人们的观念里，当对方对自己说"对不起"时，往往意味着自己的利益受到了损失。因此看见"对不起"3 个字，读者就会想，我是不是损失了什么？

5. 带有"原来""其实"的标题

"知名主持人晒出学习笔记：原来厉害的人在出名前，就很牛了！"

"为什么有些家长和孩子聊不到一起，其实只是没有找到沟通方法"

"原来"和"其实"，意味着"和你想的不一样"，这种不一样就会让读者非常好奇，从而想要一窥究竟。

6. "××事件 N 年后，张三怎么了，李四怎么了"的标题

"痛失挚爱 7 年后，他的一条微信看哭无数人"

"×× 退圈 3 年后，他默默帮助了 86 个孩子圆了大学梦"

N 年前发生的事情是当时的热点事件，而 N 年后的现在，故事的当事人（或是与当事人有关联的其他人），经历了一些我们意想不到的事情。人们普遍喜欢看故事，更想要知道故事的结局，因此这种标题就会分外引人注目。

5.4.2 子弹头短句

在长文案中，目标客户很难有耐心从头到尾地阅读，这时，文案高手就会用到一些子弹头，来突出关键句子，帮助目标客户理解文案的主旨。即使你是第一次听说"子弹头"，也大概可以从子弹头短小而有力的特点，猜测出它在文案中的含义。

子弹头指的是一些充满力量的短句，可以轻易击中目标客户的心。

然而，并不是随便一个短句，都可以成为子弹头。这样的短句必须是与目标客户、产品效果紧密相关的。即使目标客户不去阅读其他文字，只是扫视一下子弹头，也可以厘清文案的思路和主旨。

一篇 1 000 字以内的文案，可以使用 2~3 个子弹头；而 2 000~9 000 字的销售文案，则可以使用 8~12 个子弹头，甚至更多。通常，子弹头越多，击中客户需求的概率就会越高。因此，文案高手会花费大量的精力撰写子弹头。我们可以看一篇 20 世纪 60 年代美国某品牌按摩霜的广告文案，其中就用到了 2 个子弹头。

当心"中年"病痛！

不要忽视这些病痛——它们可能是关节炎或者风湿病的征兆！

你是否也像大多数人一样，认为关节炎和风湿病都是"老年人的疾病"？当然，许多人都这么认为。然而，据统计数据，"中年人"身上通常出现的轻微疼痛，往往是关节炎、风湿病的征兆。

一份美国公共卫生服务机构的报告显示，关节炎和风湿病征兆最早会发生在 25~35 岁。当人到 35 岁的时候，有关节炎征兆的人数会比 25 岁时增加 2 倍多！事实上，中年人中有超过 1/10 的人，遭受着关节炎和风湿病引发的痛苦，这应该引起中年人对身体出现的各种疼痛的关注。

尚未发现有效的治愈方法

不幸的是，医学界还没有研发出能治疗关节炎的有效方法。但是，医生可以开出暂时缓解早期关节炎、风湿病轻微疼痛的药。有个应用广泛的三重治疗法：在疼痛区域敷上温暖的东西；服用水杨酸止痛药；按摩疼痛区域。

著名的 ×× 实验室研发出来的一款新产品，就有热敷、水杨酸止痛、按摩疼痛区域这 3 种功能——这款产品叫作 ×× 深层加热按摩霜。

一款神奇的按摩霜

当在疼痛的部位使用 ×× 深层加热按摩霜进行按摩时，它可以刺激血液循环，让肌肤深处感到温暖和舒适。它含有的有效止痛成分——水杨酸甲酯，能穿透皮肤被血液吸收，从而快速发挥效果。×× 深层加热按摩霜含 4 种活性成分，它们有一个共同的作用——暂时缓解早期关节炎、风湿病轻微疼痛。

如果你是中年人，感到持续疼痛或疼痛加剧，一定要及时咨询医生。如果想快速缓解早期关节炎、风湿病轻微疼痛，请使用 ×× 深层加热按摩霜。

在这篇文案中，"尚未发现有效的治愈方法"与"一款神奇的按摩霜"就是子弹头。它们简短有力，提示了下一段文案的核心观点。

第一个子弹头"尚未发现有效的治愈方法"，有力地排除了目标客户求医问药的需求。大部分人在遇到早期疼痛时，首先想到的就是有没有药物能够治疗，是不是需要看医生。作者用一句简单的"尚未发现有效的治愈方法"，终止了目标客户对药物和治疗方法的期待。既然没有有效的治愈方法，那么目标客户就会想"遇到疼痛我该怎么办"。

这时，文案中介绍了 ×× 深层加热按摩霜，并且用"一款神奇的按摩霜"来定义该产品，突出了产品的功效，勾起目标客户对产品的期待。

即使没有阅读全文，我们仅从这两个子弹头，就可以快速获得文案的主旨——目前没有发现有效治疗关节炎或者风湿病的方法，但是有一款神奇的按摩霜可以缓解疼痛。这样一来，这篇文案的产品是什么、效果如何，就快速进入目标客户的脑海中，让目标客户产生购买的想法。

5.4.3　特殊说明

目标客户读到了吸睛标题、短促有力的子弹头，往往已经心动不已，然而是否能在此刻就让其付款下单，仍让商家头痛。如果能用本书前文介绍过的成交主张，可以大幅度提升成交率。然而，在设定了成交主张之后，应该怎样把成交主张呈现在我们的文案中呢？

其实，在文案中，有一个位置特别适合介绍成交主张，而且即使目标客户因为兴趣不浓或者时间有限错过了一部分正文内容，他们也不会轻易地忽视这个位置——文案的结尾部分。每个人天然都对结尾感兴趣，试想一下，你读新闻读到一半时，看连续剧看到中间几集时，一定非常好奇它们的结局是什么。目标客户也是如此，无论商家的文案是否吸引他们，他们都会好奇这个广告的结尾是什么样的。因此，文案创作者一定要用好文案末尾的特殊说明，它是提升销量的利器。

例如，一款免费试用××净水器的文案末尾，就应用了特殊说明。

特别说明

如果你还没有尝试过××净水器，现在有个好消息，你几乎可以不用任何成本就能试用它了。你只需要填写你的地址，即可获得7天净水体验服务（对不起，一个家庭只能领取一台净水器）。有效期截至××年××月××日，所以，马上行动吧！

在这个特殊说明里，包含了免费试用的成交主张，同时也包含了限定数量（每个家庭一份）、限定时间（截至××××年××月××日），让客户立刻行动。

通常，结尾的特殊说明都会包含商家精心设计的成交主张，哪怕成交主张不止一个，也可以完整地写在特殊说明里。

5.5　掌握灵感挖掘法：避免文案创作中的灵感枯竭

作为一名文案作者，最痛苦的莫过于没有灵感了。交稿日期就像是定时炸弹，而自己对着计算机，脑中却一片空白的感觉让人焦虑。有什么办法可以让灵感随时迸发，快速而完美地完成文案创作呢？以下是 4 个好用的方法。

5.5.1　高效管理写作时间

你是否发现，在某些特定的时刻进行写作，你的效率会特别高？如果你还没有发现自己的高效时刻，也不必气馁，可以试试在一天的 3 个时间段来进行创造性工作。

1. 清晨 5:00 至 6:30

起床后的 3 个小时，是大脑的黄金时间。然而对于很多上班人士来说，如果 6:00 起床，然后洗漱、吃早饭、坐车到达办公场所，黄金时间大概只剩下 1 个小时了。如果再将这个时间用于收邮件、写计划，黄金时间更是所剩无几。因此，如果你可以试试 5:00 起床，然后进入工作状态，那么 5:00 到 6:30（甚至到 7:00、8:00）的时间里，你很可能已经进入高效创作状态。不瞒你说，这本书的大部分篇章，就是我在清晨完成的。

2. 上午 9:00 至 11:30

上午 9:00 至 11:30，大脑反应速度比较快，如果你在这个时间段从事创造性工作，会发现效率很高。很多作者在这个时间段灵感爆发，创作出很多作品。如果你也想要召唤灵感，可以试试在这个时间段进行创作。

3. 下午 2:30 至 6:00

经过午休，思维在下午 2:30 至 6:00 重新活跃。因此你可以把重要的创作工作放在这个时间段。更妙的是，这段时间长达 3 个半小时，可以帮助你持续保持高效状态。

每个人的高效时刻各不相同，你可以有意识地关注一下自己在哪个时间段创作会充满灵感，这样在高效时刻来临之前，就可以提前做好准备，快速进入创作状态。

5.5.2 巧用备忘录

好记性不如烂笔头，记得准备一个灵感备忘录。当你在生活中忽然产生了灵感，就可以记录在备忘录上。等到某天需要用到类似的灵感时，就可以翻翻备忘录，找到你的灵感。

备忘录的形式多种多样，你可以使用手机自带的记事本，也可以使用 Word 文档，还可以使用纸质笔记本。至于选择哪一种备忘录，取决于你的使用习惯。容易携带、方便记录、容易分类查找即可。因为灵感总是稍纵即逝的，所以要在第一时间记录下它们，避免过一会儿就遗忘了。

5.5.3 从生活中捕捉灵感

没有一个灵感是凭空而生的。生活是灵感和创意的源泉。当需要灵感时，我们可以从生活里寻找答案，邂逅自己的灵感。

1. 阅读书籍

一本好书可以启迪心智。很多时候我们没有思路，是因为没有从一个全新的视角去理解问题。书籍可以提供很多与众不同的视角，开拓我们的视野。在读书时，要注意做笔记、划重点、记录自己的感悟，甚至可以自己制作检索目录，把自己最有感触的故事、段落加以标注，这样再查找时，就可以快速找到。

2. 听音乐

音乐与写作似乎是一对密不可分的好朋友。很多创作者会在创作时通过音乐来帮助自己进入创作状态。说音乐是灵感的助燃剂，一点不为过。我在写古代背景的小说时，会听中国风的音乐；而在写现代背景的小说时，则听流行歌曲，来帮助自己融入其中，获得源源不断的灵感。文案创作也是如此，不同的音乐风格和歌词表达，可以激发我们的想象力，让我们产生更多的创意。

3. 观察身边事物

人的一生何其短暂，我们不可能体验世间所有的生活。因此，他人的经历和心路历程，也是我们宝贵的灵感来源。

例如一位主播在直播间里的卖玉米的文案，灵感就来源于生活。

好多年后你回忆起来，其实那个玉米的味道已经记不太清楚了，尝着好像很香。但你清楚地记得的是，那些仲夏的夜里，繁星点缀，树叶沙沙作响。那时你爸妈身体还很健康，他们年轻，平安喜乐。爷爷奶奶也陪在你身边。你其实不是想玉米，你是想当年的自己，想当年一家人的喜乐融融啊。

4. 多出去走走

外面的世界那么大，总有不一样的风景。很多灵感来自大自然。觉得灵感"爽约"时，不妨暂时放下手中的工作，去外面走走，和灵感偶遇。大自然给予人类各种各样的启示，很多文案中呈现了自然元素，显得更加亲切。也有一些文案用到了修辞手法，以物喻人，以自然喻人生，这样的表达往往更容易让读者理解。

知乎上有个点赞数很多的评论，说的是一个雪天，一个人无意间看到一则地产广告牌的文案——"暖了半天，愣了半天"。这则广告与雪景有关，突出了项目的自然之美。文案简约直白，配合项目的雪景图，画面冲击性非常强。

5.5.4　创造节奏，引导灵感迸发

除了上面的 3 个方法，还有一个可以快速让灵感迸发的方法，就是创造节奏。节奏感可以刺激大脑产生创意。很多人在思考时会下意识地用手指在桌面敲打，仿佛在弹钢琴一样，这其实就是在舒缓情绪、召唤灵感。除了敲打桌面以外，刷牙、洗衣服、跳绳等有节奏的动作，都可以帮助你获得更多灵感。

注意 ✏

对于优秀的作者而言，灵感并不是可遇不可求的随机事件。

第6章

技法 3：打动人心的文案修炼技巧

很多人在创作文案时，发现自己明明参考了模板、仿写了范文，但是写出的文案读起来依然干瘪乏味，难以打动客户。这是为什么呢？其实是因为缺乏文案写作技巧。文案写作技巧的训练，不仅能优化文案结构，还能提升文案的说服力。接下来，我会分享非常实用的文案写作技巧，让你的文案打动人心。

本章包含的文案写作技巧如下。

- 遵循三原则：让你的文案充满说服力。

- 文案写作前的思考：确定与客户交流的方向和角度。

- 四大高效开篇技巧：学会4种开篇方法，快速吸引客户。

- 增加文案可信度：证明产品值得信赖。

- 结尾成交策略：学会3种结尾方法，打消客户疑虑。

- 文案修改与提升：学会让客户更容易理解的文案修改技巧。

6.1　遵循三原则

如果客户读不懂、不愿意读我们的文案，那么我们就没有办法用文案说服客户购买产品。文案打动客户的前提，就是要逻辑通顺、观点明确、言之有物、读之有益。为了让我们的文案符合上述前提，创作者要遵循 3 个原则。

6.1.1　清晰阐述事情

创作者如果想把事情讲清楚，就要按照目标对象能够接受的逻辑顺序来表达。

那么，什么样的逻辑顺序是容易被读者理解和接受的呢？以下列出了 3 种基本的逻辑顺序。

1. 总分逻辑

总分逻辑其实就是结论先行，然后用事例去解释结论。

举个容易理解的例子，小王想要让同事帮自己一个忙，可是他没有使用总分逻辑，而是这样说的：

小明，你可以帮我个忙吗？你去楼下的张主任房间，和张主任要一把黑色的库房钥匙，然后坐 1002 路公交车到李家街下车，向西步行 200 米看到一个大药房，我忘了名字了，门头是红色的，然后右拐进入小岔道，穿过一个大铁门，打开门，到二楼第三个房间里，找一下去年 ×× 项目的测算图，带回来给我。记得锁门和还钥匙给张主任。

当你读完这段话，是不是觉得信息量有点大？如果不用记事本记录下来，很可能会遗忘重要的信息。如果我们采用总分逻辑来表述，读者就会容易理解。

小明，你可以帮我个忙，去库房找 ×× 项目的测算图吗？你记一下库房地址、资料位置和钥匙位置。库房在李家街，坐 1002 路公交车直达。下车后向西走 200 米，你会看到一个红色门头的大药房，然后右拐进入小岔道，穿过大铁门就到了。测算图在库房二楼第三个房间。库房钥匙在楼下张主任那里，你去找他申请一下，用完了记得归还钥匙。

在这段文字里，运用了两层总分逻辑。第 1 层总分逻辑，"帮我个忙"是总，也就是结论；这个事件是"去库房找 ×× 项目的测算图"，这在解释结论，是分。第 2 层总分逻辑，"你记一下库房地址、资料位置和钥匙位置"是总，库房地址、资料位置、钥匙位置的具体说明是分。有了这样的总分逻辑，沟通对象非常容易记清楚重要信息。

2. 分类逻辑

分类逻辑，就是按照事情的特点，把具有同类特点的事情放在一起，不凌乱，不漏项，而且方便理解和记忆。

通常，我们可以按照时间顺序分类，把发生在同一时间的事情放在一起表述。同样，也可以按照空间顺序、人群特征等进行表达。

举个例子，一款推销口才课的文案，在描述目标客户学习课程后会发生什么变化时，使用了分类逻辑，方便目标客户对号入座。

交际口才的训练，无论是在工作中还是在生活中，都可以帮助自己更顺畅地沟通，把握更多机会。

与客户洽谈时，你可以更容易地愉快交流。

与同事讨论工作时，你可以更自信地参与话题，自在表达自己的观点。

在拜访前辈时，你可以更好地掌握交流尺度，获得前辈的肯定。

在加入新团队时，你可以更自然地介绍自己，更快融入其中。

在约会时，你可以变得更风趣幽默，赢得一个好印象。

3. 提问—回答的逻辑

提问—回答的逻辑，就是自己站在对方的角度，提出对方关心的问题，然后自己给出答案。其特点是由问题串联文案，条理清楚，便于理解，也能更轻松地获得对方的认可。

例如一篇推销拖把的文案，用环环相扣的问题，把产品的优点呈现出来。

请问一下大家，是不是觉得做家务很烦人？

要我说，如果这些烦琐家务有一个排行榜的话，拖地！必有一席之位。

有灰尘、水渍……都要拖，烦得让人生气。来来回回地拖扫一次，地没干净多少，老腰都要累得直不起来了。好不容易拖完地了，满地水印，还有一股臭霉腥味！

洗拖把也是让人崩溃的活儿，要用手摘掉上面的头发和灰尘，还要用手拧干水分。整个流程下来，腰都快直不起来了。

不用想都知道，肯定是脏兮兮的拖把惹的祸！

工欲善其事，必先利其器。想地板干净，拖把要选好。

网上一搜，我直接就被有些拖把高昂的价格劝退了，这是买拖把还是请保姆？

后来我终于找到了这款轻松省力、不用弯腰、无须手洗、经久耐用的 ×× 炮弹桶海绵拖把。

这篇文案，应用了多个问题和答案，帮助目标客户理解产品的优势。第一个问题"请问一下大家，是不是觉得做家务很烦人？"这个问题是很多做家务的朋友都会面临的痛苦。于是作者再抛出自己的结论，用"拖地会排在烦琐家务榜上"来引起大家的共鸣。然后再加他为什么觉得拖地这么让人心烦的原因——好不容易拖完地了，"还有一股臭霉腥味！"

为什么会产生这种恶心的结果呢？作者认为是"脏兮兮的拖把惹的祸"，于是借此引出自己千挑万选的拖把。目标客户肯定会问："为什么推荐它？"作者再次给出答案，推荐它的原因是"轻松省力、不用弯腰、无须手洗、经久耐用"。

6.1.2　明确表达观点

要想足够打动人心，创作者还需要学会的文案技巧，就是把观点说明白。

如何把观点说明白呢？可以采用层层递进的论证方法，来把观点讲述清楚。例如一篇推荐张璐老师"8~18 岁家长必修哈佛青春期指南"课程的文案中，作者表达了一个观点——每对父母都应该学些青春期的心理学。

每个孩子都会经历青春期，而父母是青春期孩子的重要引导人。

看完别人家的孩子，再来看看自己的孩子，随时气得肝颤抖。

实际上，叛逆期是孩子成长期，孩子每一个行为，背后都隐藏着他的需求。

教育不靠吼，懂点心理学
可以解决 99% 的孩子教育问题

例如，初二男孩小航不想学习，就想玩手机游戏，一考试，成绩就排倒数。

他的妈妈苦口婆心地劝过，也没用。

其实小航爱玩游戏的背后，是在寻找自尊和自信心，弥补未被满足的情感需求。

原来，去年小航的妹妹出生了，妈妈整天手忙脚乱的，陪伴小航的时间都少了，小航的"放纵"就是从那时开始的。

手机游戏让小航暂时躲开了孤独，给了他情感上的陪伴，给他带来自信和快感。

后面，我教了小航妈妈两招，并且提醒她在孩子玩手机上不能过于约束。

情感链接法 + 行为替代法：这两种方法不仅增强了孩子的自信心和自我认同感，让孩子对手机的需求逐渐减少，还帮助孩子培养了很多好的行为习惯。

一个月后，小航就很少玩手机游戏了，越来越自信，在一次月考中，成绩进步到了班级前三，学习动力增强了，还立志要考重点高中。

在这篇文案中，作者是如何表达"父母应该学些青春期的心理学"的观点？

第一步，作者先肯定"每个孩子都会经历青春期"，这是成长的必经之路，而"父母是青春期孩子的重要引导人"。因此，每个孩子的父母都责任重大，这样就成功引起了目标客户（父母）的关注。

第二步，明确青春期的孩子会做出多种类型的行为，"孩子的每一个行为背后都隐藏着他的需求"。因此，父母"懂点心理学"，明白这些行为背后有什么需求，就"可以解决99%的孩子教育问题"。

第三步，作者运用了一个案例，讲述了如何应用心理学，帮助爱玩手机游戏的小航找到真正的需求，并帮助他提升成绩，来证明父母如果懂得心理学，可以很好地解决在孩子青春期遇到的问题。

如此，"父母应该学习青春期的心理学"这个观点就讲明白了。

6.1.3　引发客户共鸣

在第5章中，我们分享了如何从客户思维出发，找到一个好选题。一个好选题是让客户产生共鸣的前提。在此基础上，如何让客户产生共鸣呢？我们可以从3个角度引发客户共鸣。

1.替对方说出其想说的话

每个人在生活中，总有一些不被别人理解、不能表达自己的时刻。如果一篇文案能够替对方说出自己想说的话，就会让对方觉得"你很懂我"，对方很容易产生共鸣。

比如我们熟知的江小白文案——"谁心里没有故事，只不过学会了控制""小时候想离家去远方，长大后发现家才是远方""愿十年后，我还给你倒酒；愿十年后，我们还是老友""我微醺时想起了你，那是你最美的样子"等，替步入社会的年轻人发声。江小白洞察到年轻人内心世界的理想、乡愁、友情、爱情等，在遭遇残酷的现实后产生了强烈落差，年轻人心中饱含沮丧的情绪而无处排遣。江小白的文案，替年轻人说出想说却没法说出口的话。不逃避、不退缩，直面简单的生活，沮丧过后，释放自我，干了这杯，再度出发，因而使年轻人产生共鸣。

2. 揭露对方不敢面对的情景

即使是再勇敢的人，也有不敢面对的情景；即使是再坚强的人，也有不为人知的脆弱。引发客户共鸣的第二个角度，就是说出他不愿面对的情景。

为什么你辛辛苦苦写的文案，阅读量只有几十或几百？为什么别人随手一发的内容却成了爆款？如果你也掌握了这套文案写作的模板，那么你的文案曝光量就会有明显提升。

3. 说出让对方感动的话

快节奏的生活，让人和人之间没有那么多时间去交流，很多感情在不知不觉间降了温，但是在每个人都渴望看到正能量，感受温暖。如果你的文案说出让人感动的话，就可以引起对方的共鸣。

例如贝壳找房的文案，读起来分外温暖："有时候，'回家吧'比'我爱你'更像情话。"奔驰 smart 的文案，传递了浓浓的亲情："有前进的梦想，也有回家的方向。你回家的那天，便是母亲的节日。"999 感冒灵的文案，则让人会心一笑，暖从心生："这个世界，总有人偷偷爱着你。"

6.2 文案写作前的思考

要想避免"离题万里"的情况发生，文案创作者在写作之前，要进行必要的思考。以下 4 个方法，可以帮助你快速找到文案的突破点。

6.2.1 明确目标客户

在落笔之前，我们一定要先确定文案的目标客户。不同的目标客户，对同一件事的关注点完全不同。因此，只有明确了目标客户，才能确定你的文案从哪个角度切入，行文过程中应该使用简单易懂的文字还是专业性很强的文字等。

例如广告公司的小张，接受了为 A 公司撰写品牌宣传片文案的工作。这个宣传片要在行业研究会的会议期间循环播放，主要面对的群体是同行高管。在确定了目标客户是同行高管之后，小张在撰写文案时，从宣传品牌的角度出发，内容以展示企业的雄厚实力和多年来取得的科研成果为主，文字的风格以严肃、严谨为主，该文案最终获得了 A 公司的好评。

6.2.2 设定文案目标

在确定了文案的目标客户之后，要思考的第二个问题就是，这个文案要达到什么目标。是要向目标客户传递某种信息？与目标客户达成共识？让目标客户采取某种行动？还是要让目标客户停止某种行为？

一篇文案的目标可以是一个，也可以是多个。

例如微信的广告文案——"世界再大，不过你我之间"，其目标就是呼吁目标客户采取行动——使用微信，联系彼此。

又如知乎的广告文案——"让好奇心不再孤单"，意思就是"我知道你对很多事物充满了好奇，欢迎上知乎，这里有和你一样充满好奇的人，也有很多问题和答案，我们一起去探究这个有趣又多彩的世界"。这句文案有两个目标：一是达成共识（我们都有好奇心）；二是呼吁采取行动（使用知乎，不再孤单）。

6.2.3 精准提炼产品卖点

在确定了目标客户、文案目标之后，我们要追问产品卖点提炼得精准吗？你可以通过本书介绍的FAB法则来进行产品卖点的梳理和客户价值的提炼，也可以使用你擅长的其他模型，但是绝对不能脱离市场研究。很多自以为恰当的产品卖点，不一定与目标客户和文案目标契合。

对于刚刚毕业、步入社会的年轻人来说，都有哪些痛点？你可以找到一张纸，把自己能够想到的痛点都记录下来。然后我们看一下蚂蚁金服的文案，这个产品（芝麻信用）的卖点是否与你列出的痛点契合？如果答案是肯定的，那么可以认为，这篇文案的卖点已经足够精准了。

"虽然刚工作，但我不想合租。租个属于自己的空间，小小的也很好。"

芝麻信用与多家长租公寓企业合作，为信用良好的租客提供押金减免、房租月付等服务，帮助年轻人在大都市立稳脚跟。

6.2.4　考虑情绪渲染

写作之前的最后一个问题：你设计好的文案情绪饱满吗？文案要想打动人心，重要的是有"情"。怎样有情呢？第一步，可以试试继续深挖客户的痛点和期待，找到触动客户内心的那个瞬间；第二步，找到这个瞬间里具有代表性的一个细节，进行细节描写；第三步，反复推敲，找到表达客户情绪最贴切的词，用这个词来说出客户的心声。

人生再难，等你吃饭。

三九胃泰的这句文案，情绪非常饱满。现代人的胃是怎么坏掉的呢？往往是因为工作节奏快、生活压力大，而无法规律吃饭。第一步，三九胃泰找到了时代痛点——人们觉得生活太忙，喘不过气。第二步，确定其中的细节——因为吃饭不规律，身体都熬坏了。第三步，找到最贴切的情绪词。现代人常用"我太难了"来表达自己生活的压力和窘境，因此，"难"就是情绪渲染的重点词。如何让这个情绪与产品卖点相结合，又能温暖客户呢？文案巧妙使用了"等你吃饭"这个暖心的瞬间。

6.3　四大高效开篇技巧

经过文案策划前的思考，我们要正式开启文案写作了。一个好的开篇，需要我们用心去打磨。在此推荐4种非常高效的开篇技巧，帮助你迅速抓住目标客户的注意力，吸引他继续阅读下去。

6.3.1　利用热点吸引关注

热点开篇法是很多自媒体人常用的开篇方法。人们天生对热点事件非常关注，因此以热点事件开篇的文章，会获得更多的流量。但是，并不是每一个热点事件都适合出现在文案中，在使用这种开篇法时，要注意热点事件与推荐产品的性能、品牌文化、设计理念有较强的联系。如果关联性不强，那么就不要盲目地去写这个热点事件。

例如，一篇推荐英语培训课程的文案，就是以热点事件"外卖小哥凭借流利又标准的英语，如吟诗般地介绍豪华汽车"作为开篇的。随后，文案分析了口语表达的重要性，以及如何系统训练以提升口语能力，最后推出相关的课程产品。

6.3.2　戳中痛点，引发兴趣

痛点开篇法也是销售文案中非常经典的开篇方法。简单来说，就是以描述目标客户的痛苦场景开篇，将目标客户的痛苦记忆唤醒的方法。目标客户被痛苦所吸引，想彻底摆脱这种痛苦的心情，于是会忍不住继续阅读。

例如，你要用文案销售数学启蒙的产品，就可以在文案开篇描绘让家长头疼的教学场景——教孩子认数，掰着手指头教了好几遍，再举起两根手指头问孩子这是几时，结果孩子要么一脸迷惑，要么胡乱说了一堆数。

6.3.3 揭示结局，制造悬念

结局开篇法，就是把某个事情的结局先写出来作为开篇。这个结局可以是好结局，也可以是不好的结局。如果是好的结局，要选择目标客户非常羡慕的场景，比如梦想成真等。但是，要想获得这个好结局，目标客户需要使用你的产品才行。如果是不好的结局，那么这个结局会是目标客户不敢想象的糟糕场景。目标客户为了避免这种坏结局发生，需要使用你的产品，来降低这种风险。

例如，我们用结局开篇法推荐口才培训课，可以用好结局开篇，也可以用坏结局开篇。比如好结局可以是某位知名人士站在领奖台上，发表了一段令人赞叹的演说。他能获得荣誉的秘诀之一，就是口才好。另一方面，如果我们用不好结局开篇，就可以选择某个天之骄子，明明获得过非常多的荣誉，却因为口才不好，无法准确表达自己的观点，结果错失了晋升的机会。这样两个结局作为开篇，都可以让目标客户认识到口才培养的必要性，为后文销售口才培训课做了重要铺垫。

6.4 增加文案可信度

如果客户不够相信我们，那么无论我们的文案写得如何真诚，他们都会持怀疑态度，根本不会愿意购买文案中推荐的产品。他们还会和自己的朋友讨论："你看，这写得也太假了吧！"因此，在写文案时，切记增加可信度。这里推荐给你4个小技巧，可以增强客户对文案的信任，让他们相信论点合情合理，绝不是胡编乱造的。值得注意的是，创作者的论据不可以虚构，包括且不局限于产品数据、客户评价、成交案例。

6.4.1 利用数据对比

产品好不好，数据会说话。数据对比是提升文案可信度的重要方法，缺乏数据支撑的观点，就像沙子堆砌的城堡，经不起风吹雨打。

有很多产品的文案，应用了数据对比，让目标客户可以更直观地感受到产品的卖点、功效和优势。

iPod上市时，为了凸显其便携和容量大的特点，应用了"把1000首歌装进口袋"的文案，生动形象地展示了它的功能。当时作为竞争对手的CD随身听不仅尺寸大，不容易携带，而且因为歌曲是用CD存储的，只能储存大约200首歌曲。两相对比，孰优孰劣，一目了然。

一款代餐为了体现其热量低的特色，与鸡蛋和卤肉饭的热量进行了对比。"每餐（30g）热量约494kJ<2颗鸡蛋（约50g/颗）的热量""每餐（30g）热量约494kJ<一顿正餐（以卤肉饭为例）约2561kJ的热量"。

在应用数据对比时，要注意以下3点。

第一，与其他品牌做对比时，不能指名道姓，只需要说出自身的优势即可。另外，当要展示两种型号或系列的产品时，要在本品牌内部做对比，不涉及其他品牌。

第二，应用数据对比时，多展示地理坐标、使用次数、长宽高等细节数据，可以让客户感觉更直观，例如"甄选北纬××°的某某作物""经过300 000次使用测试"等。

第三，使用数据对比时，应注明来源。统计数据的平台越可信，你的数据的说服力越强。例如，某代餐的鸡蛋与卤肉饭的热量数据来源于薄荷健康官网，这些标注都可以提升数据的可信度。

6.4.2　引用客户证言

最好的广告是客户推荐。商家夸一万句，不如客户夸一句。当商家使用客户证言（也就是客户对产品的评价）来宣传产品时，将大大提升文案的可信度。

当然，需要注意的是，不能伪造客户证言，更不能断章取义，甚至歪曲客户的意思。引用客户证言就像引用名言警句一样，不能改写，最好的方式是把客户的某段评论完整截图（见图6.1）。在征求客户同意、保护客户隐私的前提下，再进行引用。

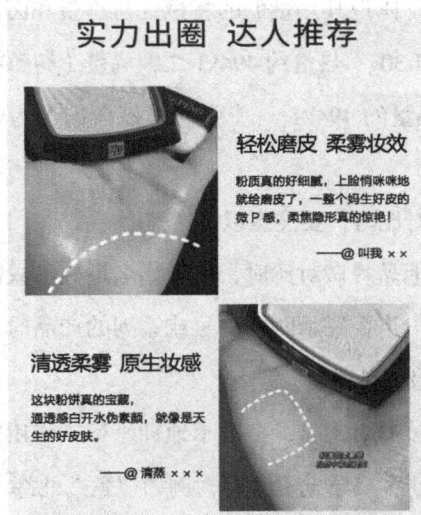

图 6.1　某电商产品的客户证言

6.4.3 说明通过权威认证

客户购买产品前，会担心广告说得好，但是产品不一定有那么好。如果此时，有权威机构的证明材料或者实验项目，可以说明产品的质量好，那么就可以打消客户的顾虑。

很多产品会以通过了某某知名机构认证、经过了某某技术检测、获得了××权威奖项、取得了××专利等，来证明其技术水平高、产品品质好。

如某品牌4D磁悬浮乳胶床垫，就以权威认证来凸显其质量可靠，包括官方统计的销量（见图6.2）、抗菌效果经过SGS检测、报关单中的乳胶原产地证明。

图 6.2　天猫床垫类目官方销量统计数据

6.4.4　巧用问答

客户在阅读文案时，购买欲望会不断增强，随之而来的是其心中的一些顾虑。然而，文案是已经写好的，又没有销售人员在客户身边解释，客户的顾虑会一直存在，影响客户购买。

为了帮助客户消除顾虑，我们可以在文案中逐一列出客户可能关心的问题，并且给出准确的答案，以此来让客户放心购买。

通常，我们可以使用提问与回答的形式，来展示我们的承诺。

Q：什么时候发货？

A：定制家具需要一定的生产周期，不同种类的家具生产周期不同。在每件商品的详情页，我们都注明了对应的生产周期。如果出现断货的情况，我们会及时与您联系。由于家具生产的特殊性，货期常有浮动，请您以客服的通知为准。

6.5　结尾成交策略

当客户阅读到文案结尾时，下单变成临门一脚的事情。如果我们把撒手锏设置在文案结尾，不仅可以让文案精彩而生动，更可以让客户放下心中的疑虑，快速下单。下面列出了文案结尾常用的策略。

6.5.1　价格换算凸显性价比高

如果我们销售的产品总价较高，那么对于客户来说，决策成本较高，购买风险较大。这时，我们可以使用价格换算，向客户展示产品的实际价格并不贵，每天只需要支付一点点金额，就可以享受到超值的回报。

在进行价格换算时，可以用总价除以产品使用时间，算出每天的价格；也可以用总价除以使用人数，算出人均价格；还可以用总价除以产品使用周期，算出每个周期的价格。例如某网站推出 VIP 会员，既算了日均价格，也算了人均价格。

这年头，看剧要会员，购物要会员，吃饭还是要会员。满打满算下来，手里一堆各种会员，钱看似是省了，可也被各种会员冲昏了头脑。

现在有一种会员，解决消费者所有的"省钱难题"。××网站为了满足用户的需求，特意推出了 VIP 家庭会员。大片、球赛抢先看，购物返利抢先占，就连清洗保养、停车也给你安排得明明白白。关键是一年才 365 元，折算下来一天一元，而且全家一起使用，平均算下来一个人每天也就几角钱。还等什么，买它！

6.5.2　限时限量，营造紧迫感

第二种促使客户快速下单的撒手锏，就是限定活动时间、产品数量。

在明确的活动时间内（例如 2024 年 12 月 1 日—2024 年 12 月 15 日），客户可以促销价格购买某款产品。活动结束以后，客户就无法再以促销价格购买。"厌恶损失"是人的天性，客户为了避免自己损失低价购买的机会，就会更愿意在活动时间内购买。

另外，参与促销活动的产品数量很可能是有限的，如果这些产品售罄，客户也无法以促销价格购买到产品，因此客户也愿意尽快下单。

在使用活动时间有限和产品数量有限的设定时，我们可以只限定活动时间，也可以只限定产品数量，还可以同时限定活动时间及产品数量。

需要注意的是，活动的起止时间要标注清楚，参与促销的产品数量也要明确注明，以免引起不必要的误会。

多功能油污净2瓶装，市场价198元/组，2024年10月1日—2024年10月7日开团价98元/组。这款产品因为受到客户喜爱，多次断货，我们好不容易争取到1 000组现货。现在就扫码下单吧！

6.5.3 给予超值赠品，强化购买欲望

当产品和价格让客户心动时，赠品就是让客户按下购买按钮的最后力量。文案末尾的超值赠品，将让客户的欲望沸腾。这里的赠品，一定要充满诱惑力。文案创作者要重点突出赠品的价值，可以从赠品的价格、功效、口碑、品牌、受欢迎程度等方面，来凸显赠品的价值很高。

今日订购绘本套装，还有超值礼物赠送。

孩子们最喜欢的就是恐龙了，随书赠送可爱的恐龙冰箱贴，总共20枚。孩子们不仅可以认识各种恐龙的特点，玩恐龙大战也不亦乐乎。

除此之外，今日订购还赠送精美连线涂色书4本。连线涂色是孩子们非常喜欢的游戏，每次自己涂完作品，孩子会有满满的成就感。

让孩子爱上读书的绘本套装，扫码即可下单。

6.6 文案修改与提升

好文不怕千遍改，即使是大文豪，也很难提笔就写出流传千古的文案。曹雪芹写红楼梦，也经历了"披阅十载，增删五次"。因此，在我们写完文案之后，应该进行修改，让文案更加引人入胜、更加深入人心。这里有 2 个文案修改技巧，分享给你。

6.6.1 善用短句，增强节奏感

随着生活节奏的加快、网络的普及，人们越来越适应碎片化阅读。如果你的文案中经常出现超过 20 个字的长句（手机显示时，一行文字没有一个标点符号），那么读者读起来会非常吃力，难以理解，甚至会拒绝阅读。因此，在修改文案时，除了要自查逻辑之外，还要努力将长句变成短句。短句读起来流畅，能有效传递信息。

例如，有一篇销售儿童英语绘本的朋友圈文案，应用了很多长句。

这么好的儿童英语绘本，终于要开团了！

很多家长都和我说想要一本故事内容别太复杂的儿童英语绘本，不然讲不明白，英语单词也要常见一些的，不然孩子学了也用不上，最好还要配纯正美式发音音频。这样的儿童英语绘本终于被我找到了！

试想你正在看朋友圈，忽然看到了这篇文案，你大概率会在读到第二段的长句时果断放弃阅读，转而看下一条别人的朋友圈。甚至你还会嘀咕："这么长的句子，让人怎么看啊！"其实，它表达的内容

并不复杂，只是因为句子结构的问题，影响了读者理解，最终也失去了向读者推荐产品的机会。于是，我把这篇朋友圈文案的长句改成了短句，读者会更容易理解。

这么好的英语启蒙绘本，要开团了！

这本绘本故事简单有趣、词汇常见，还有纯正的美式发音音频，是你一直想要的。

6.6.2 细节描写，提升体验感

一篇打动人心的文案，少不了细节描写。细节可以让读者瞬间联想到自己的生活，更容易产生共鸣。

有一天，我的一位学员写了一篇朋友圈文案，是与生活有关的。

老朋友，就是不一样！

早上看到一个陌生的来电，心想应该是刚刚约的快递师傅来电吧？于是赶紧接听。没想到，居然是她！

一个认识了 15 年的老朋友，算起来，我们两三年没听到彼此的声音了。

原来是她孩子近视了，她通过朋友圈知道我在销售护眼产品，想问问我的建议。然后我们还聊了生活、工作、孩子……我们还是那么亲密……

有些友谊真的不会被时间冲淡，反而像酒，越陈越香醇！

为了让这篇朋友圈的可读性更高，更容易让读者产生代入感，我做了一些修改，并且调整了标题。

一个陌生的来电，竟然是她

早晨看到号码时，我还想着是刚刚约的快递师傅吧？没想到，居然是她，一位认识了15年的老朋友！

原来是她孩子近视了，她通过朋友圈知道我在销售护眼产品，想问问我的建议。然后我们还聊了生活、工作、孩子……我们还是那么亲密……

有些友谊不会被时间冲淡，反而像酒，越陈越香醇！

"早上看到一个陌生的来电"，其实可以写得更有画面感，即增加细节，变成"早晨看到号码时"。读者的眼前会形成一幅画面——自己手里握着手机，屏幕上出现了一串陌生的号码，这样更有体验感。

第7章

技法 4：让销量提升的文案窍门

本书前面分享的写作技巧，可以帮助新手写出一篇不错的销售文案。然而，如果想要让销量更上一层楼，文案作者则需要熟练掌握更多文案写作窍门。

> 本章将从 3 个维度，帮助创作者全面提升文案写作能力，进一步提升文案转化率。
>
> • 文案写作基本功：下笔如有神。
>
> • 四大黄金思维法则：让文案更深刻。
>
> • 赋予文案灵魂的技巧：让文案更出色。

7.1 文案写作基本功

文案由词语、句子构成，灵活应用词句是文案作者的基本功。虽然同一个观点有多种表达方式，但是不同的读者在面对不同的表达方式时，认可程度是完全不同的。因此，遣词造句对于文案作者来说格外重要。

7.1.1　遣词造句技巧

在遣词造句时，也有几个技巧可以参考。在诸多词语中，动词和名词因为可以表达较为明确的信息，常被用来表达我们的观点以及引导客户行动。因此，高手在撰写文案时，会反复推敲，直到找到最合适的动词和名词。另外，在使用句子时，因为短句更加简洁，容易理解，同时比长句更有节奏感，因此在我们创作文案时可以多使用短句。

1. 巧用动词

动词用得好，文案如有神。

例如表达对即将毕业的年轻人的期待与鼓励，如果我们写"加油，年轻人"，这样就显得太平淡。哔哩哔哩的宣传片文案，用生动贴切的动词，交出高分答卷。

奔涌吧，后浪。

跃入人海，各有风雨灿烂。

后浪与前浪呼应，"奔涌"具有画面感和力量感，呼应"后浪"的青春与激情，也展现了前浪对后浪寄予的厚望。"跃入"比"走入""拥抱"更具有主动性和积极性，也表达了对年轻人在人群中掀起新浪潮的肯定和期待。

既然动词如此重要，我们要如何应用动词，写出精彩的文案呢？

诀窍一：多用动词，让文案更有动态感。

我们身边有很多精彩的文案，都充满了动词。

稳住生活的你，不会被生活问住。——中国银联《我们都是答卷人》

终于，我把自己还给了自己。——RIO《走在雨中》

诀窍二：用一连串动词，让画面更有代入感。

当讲解产品的工艺及客户体验时，可以用一连串动词，这样能增强画面感，让客户身临其境。描写时，可以把主角在某一段时间内的动作，按照先后顺序描写出来。

重头戏来了，接下来山核桃就要历经摊凉、熬煮、烘烤等环节。之后由拥有10年以上经验的老师傅将其倒入锅中，加入盐、糖翻炒，别的调料一点儿都不放，水干了就出锅。山核桃在炒制之后，烘干晾凉。你以为这样就结束了吗？并没有。烘干后还需人工开始最后一轮筛选，有黑斑的都要一一挑出来。

2. 用名词进行类比

用客户熟悉的名词去类比产品的功效，有助于客户理解。

家在哪里，胃最知道。——某家庭厨房共享平台

衣服是最动人的语言。——淘宝女装

怎样使用名词进行类比呢？我们可以遵照3个步骤：

第一步，确定要表达的主题（如产品的某个功效）；

第二步，找到客户熟悉的物品，来关联这个主题；

第三步，用关联物来解释主题。

例如某款珍珠素颜霜，为了凸显其点亮肤色的特性，用"现实版美图秀秀"进行类比，生动易懂。

平时化淡妆，也得花费半个小时。但用它往脸上一抹，像涂面霜一样简单，半分钟不到，皮肤白皙、通透，有光泽，毛孔也几乎隐形

了，简直是"现实版美图秀秀"！

例如某款菲力牛排，为了凸显其嫩的特点，用"蛋糕"进行类比。

这款菲力的特点就是嫩，有种吃蛋糕的感觉，就连中间的肉筋都是香脆爽口的，老人、小孩都能吃得满足。

3. 长句变成短句

文案高手普遍擅长用短句，而很少用长句。因为短句结构简单，更容易让目标客户记忆和联想。什么是短句？短句是字数少（例如少于 20 字）、结构简单的句子。通常，短句由主语 + 谓语 + 宾语组成，或者由主语 + 谓语构成。短句可能含有极少的修饰词，甚至不含修饰词。

短句虽然结构简单，但是把长句提炼成短句，却需要一定的技巧。通常，我们可以通过归纳总结法，把长句改成短句。

第一步，找出句子的主干，也就是主语和谓语，提炼出核心信息。

第二步，把原句中的定语、状语等修饰词提炼出来，找出其中最重要的修饰词。用这些修饰词和原句的主语、谓语组成具有完整的语意的句子。

第三步，把这些句子按照一定的逻辑进行排列，如总分逻辑、分总逻辑、时间顺序等。

例如，一篇描写牛排的文案，在修改前是这样的：

这款厚约 2cm 的原切牛排，完全是米其林级别的牛排，味道根本不输五星级餐厅的牛排，好吃又划算。在五星级餐厅吃，怎么也得两三百元一块，而这款牛排甚至比有些餐厅的牛排味更香浓、更厚实，只要几十元。

当用归纳总结法进行修改时，我们首先找出句子的主干——"这款牛排好吃又划算"，然后就可以按照"有多好吃"和"有多划算"来进行拆解。

这款牛排又好吃，又划算。它是原切牛排，厚约 2cm。在味道上，它根本不输五星级餐厅的牛排，甚至比有些餐厅的牛排更香浓、更厚实。在五星级餐厅吃，怎么也得两三百元一块。可在这里，像这么一大块牛排，只要几十元。

7.1.2 强势词语的运用（精选 30 个）

中文中有很多词，因为它们的含义符合人们的某些心理需求，因此自带吸引力。在文案中，如果你使用了这些强势词语，那么客户就会不自觉地被吸引。

这 30 个强势词语，可以分为以下几类。

带有获得感的词语：如何做、怎样、为什么、免费、值得注意、特价、轻松、建议、折扣、更简单。

带有变革性的词语：现在、推出、新品上市、一个重要决定、改进、革命性的、神奇的、不可思议的、令人吃惊的、了不起的。

带有竞赛感的词语：毫无疑问、打赌、挑战、还有谁、大对比。

带有情绪感的词语：惊人、感动、希望、实情。

特殊指向的词语：你。

这些强势词语，你不仅可以应用在标题上，还可以应用在副标题中，甚至是在正文中。它们都将大大提升文案的吸引力。

还有谁，想 7 天学会弹奏一首钢琴曲？

如果您的汽车抛锚了，我们将免费提供拖车服务！

轻松掌握商务英语常用语式。

为什么钻石价格飙升？

7.1.3 金句模板的掌握（7个实用模板）

金句给了文案生命，却让作者绞尽脑汁。因为金句实在太难写了！有什么办法，能帮助作者更轻松地写出金句呢？我总结了7个金句模板，可以帮你更轻松地写出金句。

1. 相互矛盾式

相互矛盾式金句的特点是：句子由前后两句构成，两句表达相反的含义。

这是一个最好的时代，也是一个最坏的时代。——狄更斯

人在他乡，胃在故乡。——《早餐中国》

过期的旧书，不过期的求知欲。——某旧书拍卖会

2. 一语双关

一语双关式金句的特点是：句子包含了可以有多种意思的词，字面上是一种意思，引申还有另一种意思。

读书的人，面上有光。——Kindle

找不着北，就多看东西。——印象笔记

Kindle 的"面上有光"，既体现了青春版有"阅读灯"的功能，更强调了读书对人生的意义。印象笔记的"多看东西"，既指地理方向上的东和西，也指人生的多种选择方向，以及大千世界的知识。

3. 回环反复

回环反复式金句的特点：用一些反复出现的词，通过不同的排列顺序，来展现含义不同又有递进关系的主题。

做过很多在一起的梦，终于能在一起做梦。——钱皇丝绸

每个认真生活的人，都值得被认真对待。——蚂蚁金服

那个教会你说话的人，在等你给她打电话。——电信广告

4. 押韵式

押韵式金句的特点是：前后句结尾处使用同一个韵脚，甚至使用同一个字。句子表达的生活哲理，融在前后押韵的两个字中。

能微笑面对的事，就别让它成为心事。——雀巢咖啡《解忧小剧场》

包容百味，才更有年味。——老板电器《婆婆妈妈的年》

一杯敬过去，一杯敬过不去。——Stanley

愿十年后，我还给你倒酒；愿十年后，我们还是老友。——江小白

5. 否定式

否定式金句的特点：在句子中否定大众熟知的观点，来强调后半句的主张，达到与目标客户精神共鸣的效果。

为自己熬的夜，不需要给别人看。——华为 P30

重要的不是享受风景，而是成为风景。——方太

6. 类比式

类比式金句的特点是：在句子中用大众熟知的某种事物，来类比要描写的事物。这两种事物在某一方面具有明显的关联性。

每个人都是生活的导演。——土豆网

7. 定义式

定义式金句的特点是：用精练的文字概括事物的本质特征。定义式有很多经典句式，例如"所有的……都是……""最……是……""所谓……就是……""不是……而是……"等。

> 所有的账单，都是你的日记。——支付宝

7.2　四大黄金思维法则

文案承载了作者的价值主张。要想让价值主张获得更多人的共鸣、让文案的立意更深刻，需要作者反复推敲，甚至邀请更多高手一起进行头脑风暴。下面列出了四大黄金思维法则，可以帮助作者更容易地找到事物的本质，让文案更深刻。

7.2.1　意外思维：打破常规，吸引注意

文似看山不喜平，充满意外的文案才会耐人寻味。运用意外思维撰写出来的文案，后文表达的内容与前文的发展方向截然不同，最终超出读者的预想和期待，从而达到强烈对比的效果。这种意外要在情理之中，又符合表达的主旨，才能让客户印象深刻、拍案叫绝。

例如 2019 年淘宝的年中庆文案，以"淘宝折学"为主题，应用了意外思维，凸显折扣力度大的卖点。

> 妈妈叫我尽量少花钱，我只有"少"这个字没做到。——淘宝折学，学到赚到。

> 小笼包褶数再多，也没淘宝多。——淘宝折学，学到赚到。

7.2.2　递进转折思维：梳理文案层次，引人入胜

很多优秀的文案，往往像抽丝剥茧一样层层递进，让人越读越精彩。这是因为作者在构思文案时，已经按照递进和转折的思维，逐层深入剖析。在文案结构上，后文表达的主旨要比前文更加深刻。而且在后文中，作者通常会设计一个转折点。这个转折点可以采用前后矛盾、层次递进、否定、回环、押韵等写作方法，让文案的意义更深刻。递进转折思维不仅可以应用在长文案中，也可以应用在短文案中。

花很多钱我不会，但我真的很会花钱。

预算是有限的，对美的想象是无限的。

7.2.3　心灵震撼思维：触动内心，引发共鸣

心灵震撼，是指文案给客户带来强烈的冲击或感动，使其精神或情绪剧烈起伏或波动。在运用心灵震撼思维创作时，首先要确定一个情绪饱满的主题；其次，明确文案为哪一个群体发声，以及向哪个群体表达这个群体的心声；最后，以某个细节入手展开描写，以小见大，达到震撼心灵的效果。

再小的个体，也有自己的品牌。——微信公众平台

记忆迷了路，用爱找回来。——台湾失智症协会

我不认识你，但我谢谢你。——义务献血广告

7.2.4　有趣思维：提升趣味性和阅读体验

有趣思维是指为了提升文案的趣味性和可读性，在文案中使用幽

默元素的思维。

如果您每天喝一瓶本厂生产的牛奶，并且坚持 5 214 个星期，您将活到 100 岁！——某奶牛厂

喝杯水都可感知的精准。——小米体重秤

7.3 赋予文案灵魂的技巧

一篇普通的文案，如果加入了鞭辟入里的洞察、让人醍醐灌顶的观点，就会摇身一变，成为受人追捧的宝藏文案。然而，最让作者苦恼的，就是如何产生这些犀利的观点？如何写出化腐朽为神奇的文案？以下技巧，可以帮助你告别这些烦恼。

7.3.1 巧妙运用名言

站在巨人的肩头，我们可以更透彻地理解世界。名言是人类智慧的结晶。在文案中引用名言，可以让客户更容易理解作者的观点，也更容易获得客户的认同。

在一篇介绍《三联生活周刊》的文案中，作者引用了名言，来表达读书对人类的重要意义。

林语堂曾说，没有养成读书习惯的人，会被他眼前的世界所禁锢。

有一本好杂志能时时拿起阅读，百般品味，积累的不只是思想，还有这个时代难得的幸福感。

7.3.2　改写金句

如果觉得创造金句太难了，不妨试试改写金句。改写金句时，可以先总结出金句的句式，然后用表达自己观点的词语替换其中一部分词语。

例如，某写字楼租赁广告的文案为"Office 不用太大，装得下梦想就好"，后来被改写为"房子不用太大，装得下幸福就好"。同样的句式，不同的主题，不同的产品。

又如，某广告文案"用心，是生活最好的质感"，体现了品牌对品质的追求。这个句式也被网友改写为"乐观，是青春最美的音符"。

7.3.3　讲故事

善于讲故事的作者，总能用生动的故事展现人物的内心世界，用精准的描写与客户进行深入的沟通。当文案中包含贴合主题的故事时，这篇文案就会产生震撼人心的力量。

可口可乐在中国医师节推出的短片《一半，一半》，讲述了医护工作者永远有半瓶水来不及喝的故事。他们匆匆忙忙，随时与死神正面交锋。人们看得到的是他们英雄的一半，看不到的是他们平凡的一半。

一半是满，一半是空

一半是乐观，一半是平凡

哪有乐观从天而降

只有在乎挺身而出

第三部分
实战篇

第8章

AI 写作的万能公式与技巧

在这个信息爆炸的时代,内容创作需求日益旺盛,而人工智能(Artificial Intelligence,AI)工具应运而生,成为提高写作效率的得力助手。随着 AI 工具的发展,越来越多的人发现,使用 AI 工具可以让写作变得更简单。

通过本章学习,你将了解到以下内容。

- AI 写作工作原理及工具推荐:明白 AI 写作对创作者的作用,以及哪些 AI 工具可以帮助我们进行文案创作。
- AI 选题挖掘:掌握怎样用 AI 工具挖掘爆款选题,获得创作灵感。
- AI 写作指令大全:掌握不同类型文案的 AI 指令,上手容易,创作简单。
- AI 优化与润色。

虽然 AI 文案可以让人眼前一亮，但是它只能作为文案写作的初稿，使用者还是需要运用写作技巧，对 AI 文案进行再加工，从而使其更贴合自己的写作需求。

8.1 AI 写作工作原理及工具推荐

8.1.1 AI 写作的工作原理简述

在学习使用 AI 工具之前，我们先了解一下 AI 写作的工作原理。简单来说，AI 写作的工作原理是 AI 工具通过自然语言处理，理解文本的具体含义，从而提取文本中有用的信息，然后从已经系统学习的海量文本中，进行自动化的分析、处理和加工，按照使用者的要求实现自动创作。

因此，使用者输入的指令及 AI 系统学习的内容，会极大地影响产出的文案的质量。

目前，AI 写作工具能够快速生成多种文案，包括文章、报告、书籍、邮件等。

8.1.2 AI 工具介绍

目前市面上的 AI 工具很多，国外的软件如 ChatGPT、Grammarly、Scrivener、Google Docs 等，国内的 AI 工具有文心一言、Kimi、智谱清言、通义千问、讯飞星火等。

以下简单介绍几款国产 AI 工具，你可以根据自己的需求进行选择。

1. 文心一言

文心一言是百度研发的一款基于自然语言处理技术的预训练模型。它在中文场景下的自然语言理解和生成能力出色，特别是在创意写作、新闻报道等方面有较强实力，能够生成逻辑连贯且高质量的文章、诗歌、故事等，并具备跨模态、跨语言的理解与生成能力，可以进行深度互动，包括回答问题、协助创作及实现文本到图像的转换。

文心一言的缺点是针对特定领域或专业问题的处理能力可能不如专门训练的模型。

2. Kimi

Kimi 是一款需要用户输入指令的 AI 工具。它的功能强大，支持文本分析和信息搜索，能够处理多达 200 万字的输入内容，并且能够处理中英文文本。只需将文件或链接发送给 Kimi，短时间内就能获得分析结果或内容反馈，非常适合需要处理大量文本的用户使用。

Kimi 的缺点是新手不太容易上手。

3. 智谱清言

智谱清言是由智谱 AI 研发的一款通用领域的对话大模型，语言理解和生成能力较强。智谱清言具有较好的文本创作能力，如其创作的诗歌展示出一定的艺术性和创造性。智谱清言应用场景广泛，适用于对话交互、内容生成、信息检索等场景。在特定领域（如学术研究、知识图谱结合等）具有独特优势，能提供专业精准的知识服务。

特别是在政务、教育等领域应用效果良好。

智谱清言的缺点是在某些特定领域的知识覆盖上可能存在不足，对于特定或专业的问题可能缺乏深入理解与准确回应。

4. 通义千问

通义千问是阿里云推出的一个超大规模的语言模型，功能包括多轮对话、文案创作、逻辑推理、多模态理解、多语言处理。能够跟人类进行多轮的交互，也融入了多模态的知识理解，且有文案创作能力，能够续写小说、编写邮件等。在多语言处理、跨领域应用等方面具有优势，适合跨国企业使用。

通义千问的缺点是对于用户问题的语言理解能力稍显不足。

5. 讯飞星火

讯飞星火是科大讯飞研发的通用大模型，其在语音交互、实时翻译等领域表现出色，具有较高的实用价值和市场潜力。具备多轮对话、文本生成、知识问答和逻辑推理等综合能力，能够根据用户输入提供高质量的回复。实际应用于教育、医疗等多个特定领域。在中文语境下的文章生成和对话交互方面表现出色，特别是在政务、教育等领域。

讯飞星火的缺点是 AI 和用户互动时多轮对话能力较弱。

8.2 AI 选题挖掘

8.2.1 如何利用 AI 工具找到爆款选题

我们在写文案之前，往往苦于写什么选题。现在我们可以借助 AI

工具进行选题挖掘，找到吸引客户注意力的热点话题，同时，确保文案内容符合客户的兴趣，满足客户的需求。

具体怎么操作呢？我们可以按照以下的步骤进行。

第一步，确定目标受众。

了解文案的目标受众是谁，他们的兴趣、需求和痛点是什么。

考虑他们的行业背景、职位、年龄、性别等因素，以便更准确地确定话题。

第二步，通过 AI 工具寻找爆款话题。

我们可以通过 AI 工具，搜寻文案的目标受众正在关注的话题。

我们还可以通过 AI 工具，查看我们的竞争对手或同行业内的其他文章，看看他们有哪些爆款选题。

通过上述步骤，我们从多个角度收集信息，然后结合自己的专业知识和经验，筛选出最具有吸引力和价值的选题。

记得在选题时，考虑内容的时效性、实用性和独创性，这样才能写出既符合目标受众需求又具有特色的高质量文案。

8.2.2　爆款选题的判断与筛选技巧

假如我们要销售一款老人的防护马甲，当老人摔倒时，这个马甲会自动迅速充气变成一个防护罩，将老人的上身和头部保护在软软的防护罩里，这样就不用担心老人受伤了。

我们想要写一篇文案，用来推广防护马甲。

第一步，确定目标受众。

因为这款马甲的定价是 2 000 元，普及率不高，所以目标受众应该是安全意识和消费意识较强的生活在一线、二线城市的人。同时，真正会付款购买这款马甲的人，往往不是老人本人，而是他们的儿女。因为老人往往舍得为自己的子女消费，却舍不得为自己消费。

因此，我们可以初步确定，目标受众可能是一些具备消费实力的中年人，他们是生活在一线、二线城市的精英人群，年龄在30~50岁，他们的父母年龄在60~80岁。

第二步，通过 AI 工具寻找爆款话题。

因为产品的主要功能是防止老人摔倒而造成不可逆的身体损伤，因此我们想要找的话题就和老人摔倒后不幸造成身体损伤有关。

我们可以向 AI 工具提问：*最近有什么关于老人摔倒的热点新闻吗？*然后 AI 工具就会回复我们一些相关热点新闻。

这些新闻都是被广泛关注的，我们可以将其留在选题库里。接下来，我们搜索一下可以借鉴的哪些爆款。

我们可以问 AI 工具：*最近有哪些公众号文章提到了老人摔倒的话题，且公众号文章的阅读量超过 1 000 次？*AI 工具也会给出相关的回答。

通过 AI 工具，我们有了丰富的选题。接下来，我们可以结合本书第 5 章提到的客户思维，找到一个选题方向。

通常正能量的事件更容易被全网传播，因此我们可以选择"几名合肥少年帮助老人"的故事作为切入点。于是，选题可以为：合肥好少年救助摔倒老人获全网点赞。

8.3 AI 写作指令大全

8.3.1 AI 写作的通用指令

怎样提出写作指令呢？可以参考下列 AI 写作的通用指令。

我是一名 ×× （职业、身份），请写一篇 ×× 字以内（字数要求）的 ×× 文案（文案类型），采用第一人称 / 第三人称（写作角度），向 ×× 人群（目标客户）推荐 ×× 产品（产品名称）。文章的要求是，包括 ××、××、×× 这几方面的内容。

例如，我们可以这样提出指令：

我是一名销售人员，请写一篇 1 000 字以内的公众号文案，采用第一人称，向中老年人推荐一款乳胶枕。这款乳胶枕的优点有：①枕芯是泰国进口的，可以查溯源防伪码；②乳胶含量高达 93%；③枕头的曲线智能顺应颈椎曲线；④枕头的两侧高低不同，根据个人不同睡眠习惯，两侧均可以枕着睡；⑤有很多小孔，吸湿透气；⑥弹性好，回弹很快，不易变形。

8.3.2 朋友圈文案 AI 指令

当我们想要使用 AI 工具创作朋友圈文案时，可以采用这样的 AI 指令。

我是一名 ×× （职业、身份），请写一篇 ×× 主题的朋友圈文案。内容包括 ×××。文案字数不超过 ×× 字。

例如，我们可以这样提出指令：

我是一名销售人员，请写一篇销售 ×× 品牌口红的朋友圈文案。内容包括 ×× 品牌口红具有以下几个优势：持久不脱妆、外观精美。请描写使用这款口红的场景来激发客户的购买欲。文案不超过 200 字。

AI 写作工具为我们写出了如下一篇文案。

×× 品牌口红，让你的笑容更有魅力！

持久不脱妆：无论是喝水还是吃饭，这款口红都能让你不用频繁补妆。

外观精美：这款口红的外观设计精美时尚，让人赏心悦目。

使用场景：约会时，这款口红让你的气色更好、更有魅力；工作时，这款口红帮你展现自信，让你在商务社交时更出彩。

快来购买 ×× 口红吧，让你的笑容更有魅力！

8.3.3 小红书文案 AI 指令

小红书文案的 AI 写作，也有可以借鉴的通用指令。

请以 ××× 为主题、××× 为标题，写一篇小红书文案。正文部分介绍 ××× 内容。排版方面的要求是 ×××。

例如：

请以"被我发现了！一个宝藏咖啡馆"为标题写一篇小红书文案。正文部分包含"浓香拿铁、招牌哥斯达黎加手冲咖啡、意式浓缩咖啡"的产品简介。文案的每一段都要用符号隔开，文案中要包括咖啡馆的店名、地址、咖啡推荐、店内环境介绍。

AI 工具写出的文案如图 8.1 所示。

被我发现了！一个宝藏咖啡馆

标题：被我发现了！一个宝藏咖啡馆

店名：咖啡角落

地址：市中心繁华街道，一座充满艺术气息的老洋房内

产品简介：

浓香拿铁：选用优质咖啡豆，搭配新鲜牛奶，口感丝滑，喝一口仿佛能感受到幸福的味道。

招牌哥斯达黎加手冲咖啡：独特的哥斯达黎加风味，酸度适中，口感清新，仿佛置身于热带雨林之中。

意式浓缩咖啡：香气浓郁，口感醇厚，是咖啡爱好者的不二选择。

店内环境介绍：

店内装修简约而精致，充满文艺气息，让人仿佛穿越到了欧洲的小巷。

绿色植物点缀其中，给人一种亲近大自然的感觉。

现场还有悠扬的爵士乐，让人心情愉悦，流连忘返。

店员热情周到，不仅咖啡制作技术一流，还能为你推荐最适合你的那一款咖啡。

快来咖啡角落，感受这个充满惊喜的宝藏咖啡馆吧！保证让你流连忘返！

图 8.1　AI 工具撰写的小红书文案

8.3.4　视频脚本 AI 指令

当我们想用 AI 工具创作短视频时，可以使用这样的 AI 指令。

我是一名 ×× （职业、身份），请写一篇 ×× 主题的短视频脚本。内容包括 ×××。文案字数不超过 ×× 字或视频时长不超过 × 分钟（或视频时长不超过 × 分钟）。

例如：

我是一名销售顾问，请写一篇体现我积极进取、奋发图强的励志视频脚本。内容包括我的大学经历、工作经历、遇到的挑战、遇到的机遇、我的人生领悟。以人生金句结束。视频时长不超过 2 分钟。

8.3.5 直播口播稿 AI 指令

直播口播稿也可以通过 AI 指令进行创作。具体的 AI 写作指令如下。

请写一篇直播口播稿，用来销售 ×× 产品，这个产品的优势有 ×××、×××，价格是 ××。口播稿要包括 ××× 内容。

例如：

请写一篇直播口播稿，用来销售保温杯。这个产品的优势有外观大气、材料环保，价格是 39 元。口播稿要包括顺口溜、产品优势、产品价格。

8.4 AI 优化与润色

8.4.1 AI 扩写技巧与指令

当 AI 工具提供了一段文案后，如果我们觉得这段文案不够丰富，还可以下达文案扩写的指令，让这些文案的内容更丰富。AI 扩写的指令如下。

从 ××× 的角度（提出扩写要求），扩写下面的文字：×××××（复制需要扩写的文字）。

例如：

请加入一些案例，扩写下面的文字。

在销售工作中，我也遇到了许多机遇。我积极与同行交流经验，不断提升自己的能力。

AI 工具经过扩写，生成了如下文案。

在销售工作中，我也遇到了许多机遇。我积极与同行交流经验，不断提升自己的能力。例如，我参加了一次行业内的销售研讨会，结识了许多业内专家和同行。在会议期间，我与他们深入交流，分享了自己的销售经验和策略，也从他们那里学到了许多新的销售技巧和方法。

另一个例子是我主动参加了一次销售培训课程。在这个课程中，我学习了最新的销售理念和技巧，并通过实践练习提升了自己的销售能力。我还与培训讲师和其他学员建立了联系，形成了一个互相学习和支持的销售网络。

我还利用社交媒体平台拓展社交网络。例如，我在 LinkedIn 上主动添加了行业内的专业人士，并与他们保持互动和交流。通过与他们分享经验和观点，我不仅扩大了自己的职业圈子，还获得了一些潜在客户和商业机会。

这些案例展示了我积极和与同行交流的努力。通过不断学习和提升自己的能力，我能够更好地应对销售工作中的挑战，并抓住机遇取得更好的业绩。

8.4.2　AI 仿写技巧与指令

当我们看到一些非常好的文案，也可以通过 AI 工具进行仿写，帮助我们创造自己的爆款文案。AI 仿写的指令如下。

从 ×××的角度（提出仿写要求），仿写下面这些文字：×××× （复制需要仿写的文案）。

例如，姜老师帮一位学员写了一篇朋友圈文案，用来帮她销售磨砂膏。另一个学员觉得这篇文案的结构和文字描写非常好，想用来它来销售自己的面膜，就可以使用 AI 仿写指令。

具体的操作如下。

为了销售 ×× 面膜，请仿写下面这段文案。

今天收到这个产品，突然好想用它来答谢我的"女神们"。

用过很多款磨砂膏，×× 特别好！磨砂颗粒是天然竹纤维，挤出来的时候像奶油一样顺滑，开始按摩以后，你会感受到颗粒的跃动，像跳跳糖。

世间虽然没有完美，但我努力为你送上所有美好。

然后，AI 工具帮这位学员仿写了下面这段文案。

今天收到这个面膜，突然好想用来答谢我的"女神们"。

试过无数面膜，×× 特别好！膜布采用的是天然植物纤维，拿出来的时候像云朵一样柔软。开始敷上以后，你会感受到精华的渗透，像甘露一栏滋润。

世间虽然没有完美，但我努力为你送上所有美好。

8.4.3　AI 题材转换技巧与指令

我们按照平台 A 的写作要求，写出了一篇很棒的文案，但想要把它发布在平台 B 上。因为这两个平台的要求不同、读者的阅读习惯不同，所以需要对文案题材进行转换。AI 工具可以较为轻松地完成这项工作。

AI 题材转换的指令如下。

请把下面的文字转换为 ××× 题材的文案：×××××××（复制你要转换的文案）。

例如：

姜老师帮学员写了一篇朋友圈文案，她觉得非常好，想要把这个文案改成小红书的笔记，发布在小红书上，就可以使用下面的 AI 指令。

请把下面的文字转化成小红书文案。

客户送上门的订单，我拒绝了。

这个客户几个月前找我，想买不致痘的防晒霜、护肤品和洁面皂。我没立刻给她推荐，而是诊断了一番，坚决不让她买。我真是和钱过不去啊！

她长痘的原因很简单，一周敷 5 片面膜，皮肤的保护层都要被攻陷了。

我帮她做了调整，很快她又爱上镜子里的自己了。

最好的化妆品，永远不是最贵的，而是最适合你的那一款。

AI 工具生成了如下小红书文案。

标题：我拒绝了送上门的订单，只为了她的肌肤健康！

正文：你们相信吗？我竟然拒绝了客户送上门的订单！这个客户几个月前找我想买不长痘的防晒霜、护肤品和洁面皂，但我并没有立刻给她推荐，而是进行了一番诊断。结果，我坚决不让她购买！

你们可能会觉得我傻，和钱过不去，但你们知道吗，她长痘的原因是一周敷 5 片面膜，皮肤的保护层都要被攻陷了！

于是，我决定帮她调整护肤方案。经过一段时间的努力，她终于不再长痘，重新爱上了镜子里的自己！

我想告诉大家，最好的化妆品，永远不是最贵的，而是最适合你的那一款。作为商家，我更注重的是你们的肌肤健康，而不仅仅是卖出产品。

因此，亲爱的朋友们，你们在购买化妆品时，一定要选择适合自己的，不要盲目跟风哦！

第9章

爆款文案：玩转六大写作场景

爆款文案的作用之一，就是把文字变成订单。一篇文案可以反复向客户展示产品，一篇好文案胜过 100 个销售高手。目前常见的新媒体销售文案有：小红书文案、短视频文案、促销海报文案、社群销售文案、电商文案、公众号文案。

本章包含的销售文案类型如下。

- 小红书文案：快速掌握"种草"、干货、成长故事文案的写作方案。

- 短视频文案：学会写情感类、好物"种草"类、知识付费类短视频文案。

- 促销海报文案：学会快速写出一篇有吸引力的促销海报文案。

- 社群销售文案：学会如何写出社群中自我介绍、批量成交、粉丝裂变的文案。

- 电商文案：学会快速写出高转化率的电商文案。
- AI 助力的公众号文案：学会使用 AI 工具快速完成公众号文案。

9.1　小红书文案写作

　　小红书是现在热门的带货平台，无论是粉丝很多的成熟自媒体人，还是刚刚开始运营小红书的普通自媒体人，都可以通过以下写作方法快速创作，从而变现。

　　从成交路径来看，一个有需求的陌生客户，到达小红书页面之后，要经历产生信任、激发欲望、消除风险这三个阶段，最终才会下单。

　　因此，为了达成交易，每一篇小红书笔记都有着不同的作用。有的笔记负责让客户产生信任，有的笔记负责激发客户的欲望，有的笔记则可能起多种作用。总之，这些不同内容的笔记，均可以呈现在你的小红书账号上，形成一套组合拳，促使客户快速下单。

9.1.1 种草文案的黄金文案结构

文案结构一：故事＋产品价值＋行动指令。

人们喜欢读故事，因此当你的文案以故事开篇时，会很自然地吸引别人的注意力。客户会很自然地把自己代入其中，跟着你的故事，非常自然、顺畅地接受你接下来表达的观点、推荐的产品。例如：

伤心！朝夕相处的伙伴突然离开了！

真的，我太伤心了！这个伙伴天天在办公室门口等着我来上班！下班时也会等我关灯。

天天如此，日复一日！就这样我们相处了半年多。

老实说，伙伴，刚开始的时候我对你还是很嫌弃的，慢慢地习惯了你的存在。

忽然有一天，销售经理说你要走了，我不禁要感叹人有悲欢离合。你的名字叫凯迪拉克 XT6……据说你要被人用 ×× 万元以内的低价带走！

我想你一定很委屈吧，这不是你本来的定价啊！你有着 7 座的空间，稳稳的底盘……每次都带着全家人一起出去玩，老人、孩子一个都不落下。只是因为你的年龄大了一点，你就要以这种价格被带走了！

不禁感叹，原本买 XT5 的价格，现在竟然能买 XT6 了！

朋友们，如果你也心动了，想要带走我其他的好伙伴，评论区留下它的名字，我们好聚好散！

文案结构二：描述问题 + 分析原因 + 提供方法 + 行动指令

这个文案结构适用范围非常广，不管销售的产品是实物产品，还是虚拟产品（比如课程），都可以使用这个公式。写作的时候，描述问题和分析原因可以分开来写，也可以合在一起，只要能讲明白这个问题发生的原因和造成的后果就可以。我们来看如下例子。

之前装修的时候，没考虑在厨房多预留几个插座，结果太不方便了。烧水壶、电磁炉、微波炉、烤箱、电饼铛、煮蛋器等家电不能同时使用，反复拔插头，大大增加了做饭的时间，实在是太不方便了！而且，很不安全！（描述问题 + 分析原因）

这次我把轨道插座安排上了，瞬间解决了这个烦恼。我选择的是××牌的轨道插座，选择它的原因有两个。首先，它超级薄，和墙面的贴合度很高。其次，它可以在原有的插座位置连接电线直接替换，不必砸墙。（提供方法）

有了这款轨道插座，无论是在用饮水机，还是在用养生壶，都互不干涉。

这款轨道插座还增加了封闭门的设计，可以防尘、防油、防触电，对有孩子的家庭非常友好，也不用担心异物落到插孔里造成安全隐患。如果你也有这样的烦恼，真心推荐你也试试这款轨道插座。（行为指令）

文案结构三：列出对比优势 + 说明适合人群 + 给出行动指令

这种文案结构特别适合自用的产品推荐，因为自己有真实的使用感受，所以描述更容易让客户有代入感。我们来看下面这个例子。

作为一名老爹鞋的痴迷者，我堪称阅鞋无数。然而这个品牌的老爹鞋，真的是我的心头爱！

上脚的那一刻，我就喜欢上了！不但舒适，而且非常显高！

穿上一点不显得脚大，无论是正面还是侧面，都特别耐看！市面上同类型的鞋子都卖到了 800 多元，而这款老爹鞋只要 118 元！

它拥有高跟鞋的增高效果，穿起来却是平底鞋的脚感。日常利用率非常高，搭配什么衣服都不容易出错，一双鞋几乎可以搭配你的所有衣服。

穿上就能出门，上班、逛街、约会穿它都没有问题。快来买一双回家！

文案结构四：观点＋解释观点＋行动指令

这种文案简单直接，观点明确，可以直接筛选出认同这个观点，以及对这个观点好奇的客户。辅助后面的解释，这个观点就会顺理成章地被接受，客户就会更愿意购买。

"化妆选气垫这件事，预算充足就选××品牌！"

姐妹们，这句话真不假！

我上个月购买了××品牌的气垫，用一次我就惊了！

轻轻一扑，妆感非常自然。我的毛孔仿佛隐形了，瑕疵也没有那么明显了。

××贵，但是贵得有道理。从科技到配方，再到肤感，都经过精心研究。

上脸很容易贴合肌肤，太惊艳了。

当我用了它之后，脸上立马变得光滑多了。

想要的姐妹们不要犹豫，这款气垫你值得拥有！

9.1.2 干货文案的撰写步骤

干货文案因为信息充足，非常受小红书用户的欢迎。一篇好的干货文案，不仅容易获得更多曝光，也有助于更好地树立你的专业形象。

想要写好一篇干货文案，其实并没有想象的难，只要遵照"发现现状—分析现状—总结方法—给出行动指令"4个步骤，就可以轻松完成一篇干货文案。让我们来看看下面的例子。

一个让人很快喜欢你的方法

你发现了吗？其实很多人不具备"让别人快速喜欢自己"的能力。（发现现状）

有些人想要和别人建立友好的关系，但是不知道如何与其他人亲切交流。有些人想要展示自己优秀的一面，结果可能弄巧成拙让对方生厌。（分析现状）

有什么好办法，可以让别人很快喜欢你呢？

其实，记住一句话，就足够了。

出现在别人的生命里，要像一个礼物。

这句话很美，但很少有人能理解这句话的几层含义。

怎样才算是出现在别人生命里的礼物？

（1）形象佳。礼物的颜值非常重要。我们要注意保持形象得体，举止优雅，与对方同行时，我们就是一道靓丽的风景线。

（2）有惊喜。礼物最珍贵的就是拆开盒子后，对方忽然发现里面正是自己想要得到的。因此，我们要多做雪中送炭的事情，少做锦上添花的事情。

（3）多利他。礼物会为对方带来一定的使用价值或者情绪价值。我们也要多为别人贡献价值：比如向他人分享认知、邀请他人加入优质的社群、帮助他人提升职业技能、肯定对方的付出、成为对方优秀的合作案例等。

多做上面3件事，会让别人更快地喜欢你。（总结方法）

如果你还是不太清楚怎么做，可以给我发私信，我总结了一份《社交密码》，可以分享给你。（给出行动指令）

9.1.3　成长故事文案的撰写策略

成长故事文案因为情节励志，又融合了干货，很容易让人产生共鸣。这种文案可以迅速增强客户对你的信任，收获客户对你的关注和认可。成长故事文案的钻石结构如图9.1所示。

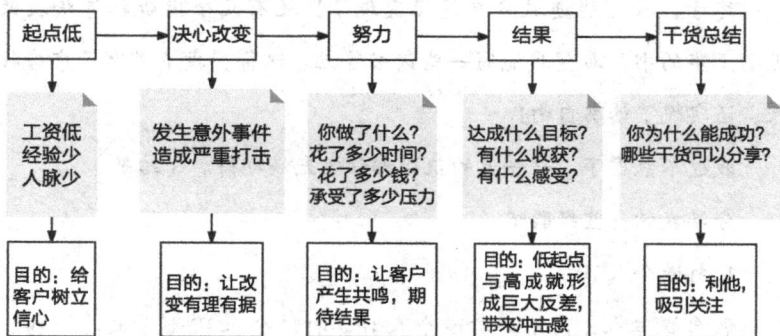

图 9.1　成长故事文案的钻石结构

按照这个钻石结构，我们可以写出一篇这样的文案。

40 岁，中年失业的我如何重启人生？

嗨，我是柠檬，40 岁，已经失业 5 个月了。

以前我是一个小主管，经常加班，每天有难以达成的 KPI。后来我失业了，加上婚姻的背叛，我忽然觉得自己一无所有！（低起点）

刚开始的时候我有点自暴自弃，觉得上天对我真不公平！后来妈妈和我长谈了一次。看着她花白的头发，我努力没让心疼的眼泪落下来。我怎么能让妈妈担心呢？

我用了一个月去调整，然后下定决心要做一名自媒体人。（决心改变）

失业就像一个按钮，让我不必再像个陀螺一样转个不停。

接下来的 4 个月，我拼命学习新知识，结交新朋友，把我的学习心得发布在小红书上，不停积累粉丝，后来又在小红书开了店铺。（努力）

终于，我也能通过分享笔记变现了！还有几个出版社寄给我最近刚上市的书，希望我能写一些读书笔记。这样，我不光有了广告收入，还实现了读书自由！

我也不焦虑了，每一天的挑战都让我充满期待。（结果）

分享我的一些经验吧。

1. 打造个人 IP

做自媒体人，离不开打造个人 IP。打造个人 IP 账号是有逻辑、方法和技巧的。与其自己去摸索，不如找个对标账号进行模仿。

2. 留出广告位

写笔记的时候我会专门拍一张照片，里面是我正在读的书。后来的几家出版社也是看到这一点，才主动找我合作的。

3.认真耕耘，不走捷径

刚开始数据不好，也会有点焦虑。不过想到自己的方法应该没错，只是时间问题，自己也就淡然了。同期有一些想要走捷径的朋友，最后账号被封了。还是挺庆幸自己是一步一个脚印走下来的。

上面这些经验，希望可以帮助失业的姐妹们提供一些思路，快点找到自己新的方向。（干货总结）

9.2 短视频文案写作

短视频是重要的内容形式。爆款短视频文案其实也有很多模型可以参考。

9.2.1 9钩模型

一个短视频的前3秒，就像一首歌曲的前奏，要瞬间抓住观众的心。所谓黄金3秒，正好是说完第一句话的时间，因此这句话怎么写非常重要。我总结了一个9钩模型（见图9.2），非常实用。

这9个钩子分别是：好奇钩子、利益钩子、痛点钩子、极限钩子、借势钩子、反差钩子、危机钩子、同理心钩子和预判钩子。每个钩子都像是一把锁，可以锁住观众内心深处的某种情绪。因此，使用9钩模型作为短视频的开篇，就非常容易吸引观众的注意力。

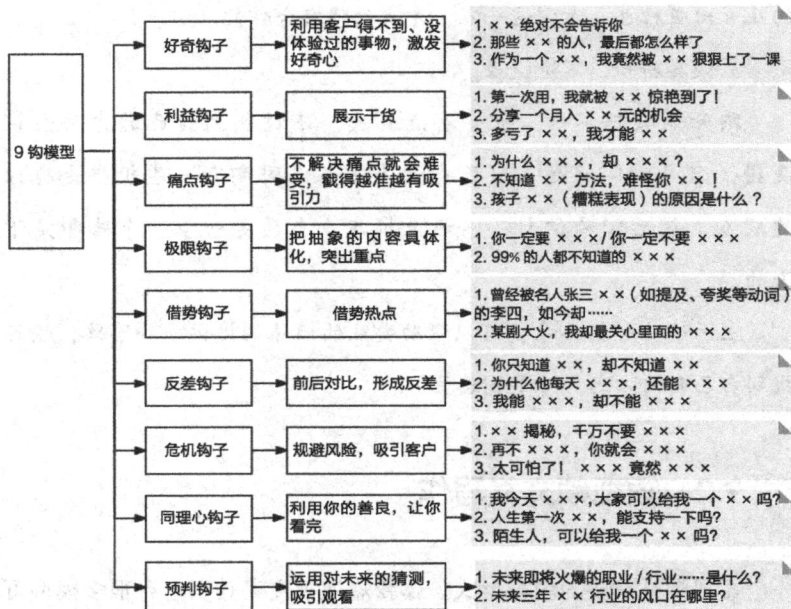

图 9.2 9 钩模型

比如我们想要卖一门教打造爆款短视频的课程，就可以运用好奇钩子，这样写第一句话：

爆款短视频博主绝对不会告诉你，想要拍爆款短视频，你要反着来！

如果使用利益钩子，视频的第一句话可以这样写：

多亏了这门课程，我的短视频播放量突破 500 万次了！

如果我们用痛点钩子来开篇，就可以这样写：

为什么别人的短视频播放量好几百万次，你的短视频却连 500 次都不到？

接下来，我们用极限钩子来推荐这门课，开篇第一句可以这样写：

99%的博主都不知道，原来爆款短视频是这样剪出来的！

是不是觉得这些钩子很有魔力？我们继续来实践一下。当我们选择用借势钩子推荐这门课程时，又可以这样写：

××博主又火了！我却最关心他的爆款短视频是怎么拍的！

当你有了要表达的主题，比如销售某种产品，就可以从这个产品的效果出发，用9钩模型来进行开篇。这样，你的短视频就可以非常轻松地获得观众的注意力。

9.2.2　情感认同的文案结构

情感类短视频需要触动人心，引起观众的共鸣。情感类短视频账号通常的变现方式为：销售情感类课程、连麦答疑、私域咨询、社群陪伴。因此，情感类短视频的情感认同非常重要。通过下面4个情感认同公式，可以帮助作者快速完成一篇情感类短视频文案。

结构1：人生哲理＋背后原因＋金句结尾。

生活不一定要比别人过得好，但一定要比以前过得好。（人生哲理）

人生最幸福的事不是活得像别人，而是在努力之后，活得更像自己想要的样子。（背后原因）

在心里种花，人生才不会荒芜。烟火人间，各有遗憾。今天比昨天好，这就是希望。（金句结尾）

结构2：隔空提问＋真情实感＋转折升华。

2024年5月抖音发起母亲节主题短视频挑战榜，主题为"没有最好的文案，只有最好的妈妈"。某博主的一条情感短视频脱颖而出。

这条短视频的文案情真意浓，很容易就引发了大家的共鸣。

你有多久，没有给妈妈说说心里话了？你有多久，没有吃过妈妈做的饭了？（隔空提问）

这几年一直在外，做自己喜欢的事，说实话很少给您打电话。

因为没有听您的话，所以您一直生气。

可我知道，您总是偷偷来看我。

我也知道，您心中最牵挂的人，就是我。

每每夜深人静的时候，我也会偷偷地想您，而且特别想。（真情实感）

可是，妈妈。这些年我早已习惯了，自己给自己当避风港。

我知道有一天，您也会离我而去，没有人会为我遮风挡雨。

因此我也想，做您坚强的后盾。这些年因为我，您付出太多了！

我会长大，您会变老。母亲节只是五月的一天，希望五十年后，您还能唠叨我两句。（转折升华）

结构3：引用名言警句 + 生活感悟 + 升华结尾。

最近的焦虑都被这句话治愈了：人生是用来体验的，不是用来演绎完美的。（引用名言警句）

我慢慢接受自己的迟钝和平庸，允许自己出错，允许自己偶尔断电，带着遗憾拼命绽放。这是与自己达成和解的办法。（生活感悟）

希望大家都能够放下焦虑，和那个不完美的自己和解，然后去拥抱自己。（升华结尾）

结构4：提出观点 + 解释观点 + 金句结尾。

要想把日子过明白，就要培养自己翻篇的能力。（提出观点）

不依不饶，就是画地为牢。如果你不会翻篇，就很容易沉浸在过去的痛苦之中，然后越陷越深。（解释观点）

及时止损，就是一种翻篇的能力。弱者会频繁地回头，强者则会选择勇往直前。（金句结尾）

9.2.3 好物"种草"类短视频文案的驱动模型

好物"种草"类短视频主要通过还原生活中实际出现的场景和痛点，来向客户推荐解决方案（解除痛苦），同时展现拥有这个产品以后客户可以拥有的美好的生活，以此激发客户的购买欲望。

好物"种草"类短视频的文案怎么写呢？这里有两大驱动模型，大家可以参考使用。第一个是问题导向模型，如图9.3所示。

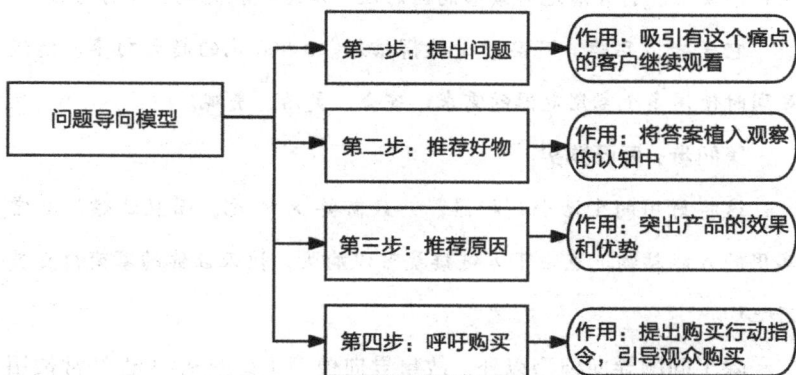

图9.3 问题导向模型

假设我们要通过一条短视频为一款轨道插座推广，那么如何按照问题导向模型，写出让人怦然心动的短视频文案呢？

第一步：提出问题。

你是否也曾被电线凌乱、插座不足这些问题困扰？之前我家装修的时候，没有预留足够的插座，结果想使用电热水壶、电烤箱、电磁炉、电饭锅的时候，只能不停地插拔插头，不仅麻烦、浪费时间，而且还存在安全隐患。

第二步：推荐好物。

自从有了这款轨道插座，插座不够用的烦恼都不见了！

第三步：推荐原因。

我在厨房里安装了轨道插座，电热水壶、电烤箱、电磁炉、电饭锅都可以一字排开，同时使用，非常方便。客厅的沙发旁也安了轨道插座，现在地面看不见乱糟糟的插排电线了，也大大提升了安全性。坐在沙发上，打开落地灯读书的同时还可以给手机充电，十分方便。

它是知名品牌，产品质量值得信赖。8 000瓦的超大功率，能满足同时使用多个家用电器的需求。安全、灵活、美观。

第四步：呼吁购买。

这样好用的生活小"神器"，只需要××元，而且还赠送非常实用的万能粘钩。点击下方链接就可以购买，快来让你的家变得更美好吧！

除了问题导向模型以外，故事导向模型（见图9.4）也经常被用来撰写好物"种草"类短视频文案。

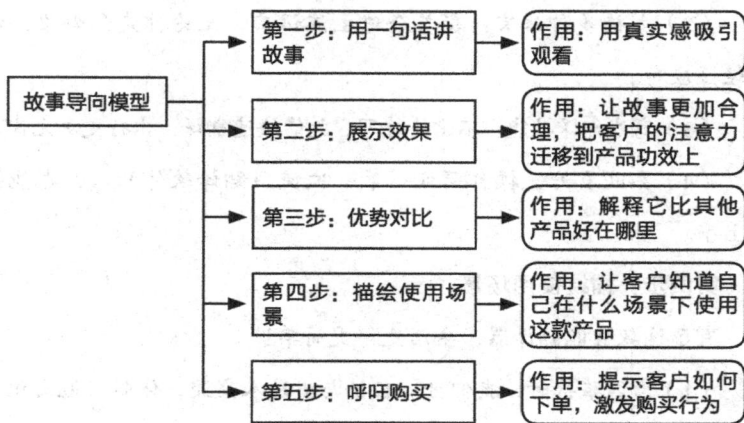

图 9.4　故事导向模型

假设我们要通过好物种草类短视频推荐一款智能翻译软件，那么，我们使用故事导向模型可以这样写。

第一步：用一句话讲故事。

我用了 3 年时间，踏访了 10 多个国家的名山大川。

第二步：展示效果。

即使各国的语言不同，我也不会担心，因为我有这款智能翻译器，基本告别了语言障碍！

这款翻译器小巧可爱，还非常智能。当我与外国人交流时，它就会把对方的话同步翻译成中文，让我们的交流没有障碍。

第三步：优势对比。

更重要的是，与其他产品相比，它有四大优势。

（1）精准度高：采用先进的 AI 翻译引擎，翻译准确，不用担心出现尴尬的翻译错误。

（2）支持多种语言：覆盖全球主流语言，无论你走到哪里，都能轻松应对。

（3）离线翻译功能：不需要连网，就能快速翻译，出行更加无忧。

（4）界面友好，操作简便：第一次使用翻译软件的人，也能快速上手。

第四步：描绘使用场景。

有了这款智能翻译器，生活变得更简单！

（1）出国旅行时，我们可以轻松与当地人交流，体验当地文化。

（2）学习外语时，可以快速查词，提高学习效率。

（3）当我们需要与外国人沟通时，这款智能翻译器可以让我们无障碍沟通，提升工作效率。

（4）看外文书籍、电影时，也能帮我们轻松理解内容，享受异国风情。

第五步：呼吁购买。

语言本来就是为沟通服务的，别让语言障碍阻碍了我们探索世界的脚步。这款智能翻译器只需要××元，还质保2年，现在下单还赠送××品牌联名背包，装下你探索世界的各种好工具。点击链接就可以购买！

9.2.4 知识付费类短视频文案的黄金五部曲

任何行业的短视频都有可以参考的文案模型，知识付费行业也不例外。如果使用知识付费类短视频文案黄金五部曲（见图9.5），就可以又快又好地写出文案。

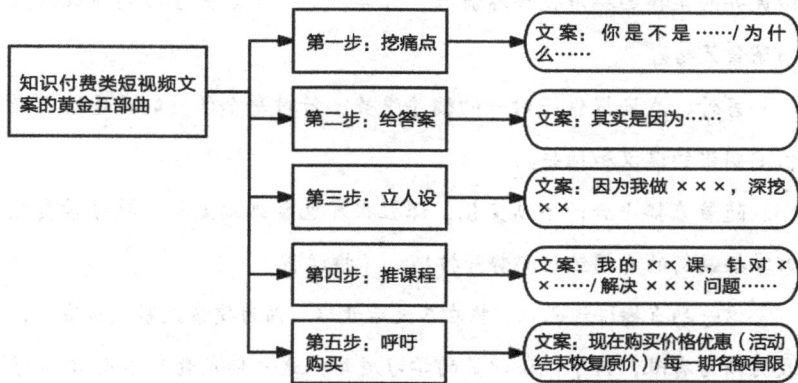

图 9.5　知识付费类短视频文案的黄金五部曲

例如，我们现在要销售一款直播培训课程，那么按照黄金五部曲，就可以写出这样一篇短视频文案。

为什么别人的直播间爆满，而你的直播间只有几个人？为什么别人的直播间火爆带货，而你的直播间却没有几个人下单？（挖痛点）

其实，这是因为你没有掌握流量的密码，缺乏合适的内容策略，更没有明白直播间运营的底层逻辑。（给答案）

我做直播的这些年，培养了非常多的网红。他们用了我的这套直播理论，达到了直播间同时在线几千人甚至几万人的优秀成绩，更是通过直播带货获得了巨大的商业价值。

我的这套直播培训课程，取自我 10 年的直播销售实战经验（立人设），课程内容涵盖直播销售的各个方面，从直播策划、内容制作、互动技巧到销售转化，是一个完整的培训体系。

而且，我的课程安排了丰富的直播销售案例分析，拆解了带货成绩优异的主播的标准化培养流程，让学员能够了解并学习到有效的直播销售策略。

另外，我还提供一对一的辅导服务，针对每个学员的具体情况提供定制化的建议和指导。

随着直播平台的不断变化，课程内容也会持续更新，确保学员能够掌握最新的直播销售趋势和技巧。（推课程）

这一期直播培训课程，将在 3 天后开启。因为要带大家进行实战，我的精力有限，为了保证学员的学习质量，这一期我最多招收 10 名学生。课程原价 3 980 元，现在报名课程享受周年庆活动价仅需 2 980 元。3 天后周年庆活动结束，课程将恢复原价 3 980 元！想要让自己的直播销售事业蒸蒸日上，现在就点击链接报名吧！（呼吁购买）

9.3 促销海报文案写作

当我们要推荐一款产品、一门课程、一项服务、一次活动时，需要设计一张促销海报。这张促销海报上的文案内容，对最终的销量会起到至关重要的作用。怎样设计促销海报的文案呢？我们可以把促销海报分为 4 个部分来设计。

9.3.1 标题：无法抗拒的成交主张

标题是促销海报中最重要的一句话，在海报中字号最大、位置最突出。客户第一眼就会看到促销海报的标题，因此，只有标题足够吸引客户，客户才会有耐心看看促销海报的其他内容。

标题要展示客户无法抗拒的成交主张，也就是用一句话写清楚你卖的是什么产品，为什么要现在购买你的产品。

1. 销售产品类海报标题

"所有女生的零食节！"

"直播间母婴专场：心动好物，一步到位"

"今日省钱清单"

"黄金珠宝节！"

"会爆汁的牛肉！"

2. 销售课程类海报标题

"人人可学的 25 堂自媒体实战课"

"20 堂超实用记忆术！教你快速记住重点信息"

"做个会说话、会表达的女人"

"玩转手机，拍摄大片"

"控制情绪的实用心理学 40 讲"

3. 促销活动类海报标题

"直播间订单，可以兑换积分啦"

"降价七日：×× 五周年店庆"

"会员储值，福利相迎"

"汉堡午餐三件套，仅需 19 元"

"春节老友聚，转发享福利"

9.3.2 过渡：直击痛点，展示价值

过渡句的作用，是把客户的注意力从标题转移到产品的价值上，

也就是解释客户心中的疑虑：我为什么要买这款产品呢？我真的需要这款产品吗？

有时候，因为海报篇幅有限，过渡句被总结为海报的副标题，只有一句话。 例如标题为"每周热卖水果"，过渡句为"时令水果吃不停"。

在某些篇幅较长的销售产品的促销海报中，过渡句需要简明扼要地告诉客户——你需要购买这款产品，因为它可以帮你避免生活中的麻烦。

例如，一篇向父母销售家庭教育课程的促销海报中，过渡句用来展现父母在教育孩子时会遇到的各种"疑难杂症"。

作为家长，你应该知道

当孩子拥有良好的学习习惯，写作业时就不容易出现"这些问题"。

（1）孩子看书心不在焉，东张西望。

（2）孩子写作业磨蹭拖拉，拖到最后才做。

（3）孩子上课走神开小差，成绩上不去。

（4）孩子偷懒不爱动脑筋，不爱学习。

过渡句中需要包含一个重要论点，正面揭示现实中发生某个让人痛苦的局面的真正原因是什么。比如文中的"孩子拥有良好的学习习惯，写作业时就不容易出现'这些问题'"，就暗示了父母应该关注孩子的学习习惯。在论点之后，紧跟着4个困扰父母的问题，让父母明白为什么需要培养孩子的学习习惯。

如果是活动促销海报，过渡句可以是简单的一两句话，渲染参加活动的美好氛围。

特推年夜饭外卖服务，就地过年，有家有温暖——某餐馆海报

9.3.3 正文：介绍产品亮点与解决方案

过渡之后，就到了促销海报文案中最精彩、最重要的正文了。根据促销海报的不同内容，正文的内容规划也应该略有不同。

1. 销售产品的促销海报

销售产品的促销海报的正文内容主要包括 6 个模块：产品特色、解决的问题、相较于竞品的优势、使用效果、用户评价、产品价格。

把这 6 个模块的内容，按照总分的逻辑进行梳理，每个模块总结出一个强有力的标题，同时提炼论据就可以了。需要注意的是，上述 6 个模块并不是一定要同时呈现在促销海报中，也可以只选择呈现其中的几个模块。

每周热卖水果

——时令水果吃不停

1. 爱媛果冻橙

甜蜜多汁 / 鲜甜爽口

2. 黄心猕猴桃

汁多味美 / 入口香甜

3. 福建平和蜜柚

果肉丰厚 / 汁水丰盈

2. 销售课程促销海报

销售课程促销海报的正文内容主要包括：课程特色、师资力量、课程大纲、适合人群、学习后的收获、用户评价、产品售价等。

其中，课程特色、师资力量、课程大纲是判断课程质量的重要模块，需要我们在文案中重点介绍。

【课程特色】

历时 N 个月精心打磨

全方位解决你的声音困扰

案例分析＋基础操作＋科学用嗓

实战训练＋现学现用＋声音变现

【师资力量】

××老师

声音教练

声音疗愈师

N 年播音主持经验

××电台主播

【课程大纲】

基础入门篇

第 1 节 解锁声音密码，挖掘你的声音价值

第 2 节 设计声音名片，重塑你的声音魅力

……

——某课程促销海报

3.活动促销海报

活动促销海报的正文内容主要包括：活动特色、活动时间、活动地点、活动内容等。

活动促销海报的文案是否有吸引力，主要看活动内容本身有没有吸引力。文案作者在获得活动资料后，要对活动内容做二次加工，以

更有感染力的文字总结活动内容。

0 元吃月饼啦！

扫码关注即送，上不封顶！

中秋节怎么能少得了月饼呢？

×× 美食送月饼啦！

【活动时间】

9 月 13 日—9 月 25 日

【活动内容】

进店礼

活动期间进店用餐

扫码加入官方社群

即可获得精美月饼 1 盒

社群礼

四人扫码加入官方社群

还可额外获得精美指定菜肴 1 份

【温馨提示】

本次活动最终解释权归 ×× 餐饮所有

如对活动有疑问，欢迎咨询官方客服

——某餐饮店活动促销海报

9.3.4 结尾：催促客户立刻购买

促销海报的结尾通常较为简短，目的就是催促客户购买。在这里，可以用明确文字号召客户进行某种行动，也可以鼓舞客户。

现在立刻报名，2021 年仅剩的 88 天，给自己一个蜕变的机会。——某网课海报

只需 199 元，即可拥有，质地轻薄的自然裸妆。——某护肤品海报

分享朋友圈享受特价：28 元 /3 斤。——某水果店海报

9.4 社群销售文案写作

随着互联网的发展，社群已经成为一个重要的营销渠道。一些拥有共同的兴趣和目标的人，组成了一个又一个社群。常见的社群形式有：QQ 群、微信群、钉钉群、兴趣小组等。在这些社群中，常应用的销售文案有自我介绍、批量成交文案、粉丝裂变文案。

9.4.1 自我介绍：如何获取信任

在撰写自我介绍时，其实也是在向别人推荐产品，只是这个产品是自己。因此，之前我们学习的推荐产品的思路和方法，在写自我介绍时同样可以使用。我们可以借助一些优秀的自我介绍模板，也可以根据自己的情况撰写自我介绍。

第一步，我们可以根据自己的基本情况，梳理出个人亮点、职业标签、专业成就。

例如，有一个叫千色的造型设计师，她的基本情况如下。

个人亮点：毕业于××高校；在北京有6家千色造型设计工作室。

职业标签："90后"创业者；艺人造型师；千色造型设计工作室创始人；资深造型师；××造型师学员。

专业成就：曾为艺人××设计发布会现场造型；参加全国××造型大赛，获得了一等奖；累计为3 000多位客户进行造型设计。

每个人的优势、标签有很多，可以都列出来。虽然这些信息并不一定会全部使用到自我介绍中，但是可以纳入素材库，每次根据不同的场合、不同的社群，把这些信息进行组合。

第二步，梳理个人资源。

除了上述信息，千色可能在造型设计的领域之外，还有很多个人资源，也可以列出来。

个人资源：3 000多位客户；一线城市创业经验；加入了10个全国造型设计师社群；认识艺人××；××高校校友；是有1万名粉丝的摄影博主；××平台运营经验；可提供造型设计服务；可提供造型设计培训。

第三步，梳理个人需求。

自我介绍除了可以展示自身亮点，更重要的是共享资源，达成合作。因此，如果在自我介绍中加入自己需要的资源，会更容易和拥有这些资源的朋友结识甚至合作。

在这个案例中，千色意识到打造个人IP、运营粉丝的重要意义，可是自己没有相关经验。因此，我们可以梳理出千色的个人需求。

个人需求：私域营销的技巧；打造个人IP；获取更多需要造型设

计的客户。

第四步，筛选与组合，形成不同版本的自我介绍。

我们根据这些个人亮点、职业标签、专业成就、个人资源和个人需求，筛选出符合某些要求的组合，形成简单介绍、标准介绍和长篇自我介绍和价值介绍。

1. 简单介绍

可以准备 2~3 个版本。

版本一：大家好，我是"90后"创业者千色，在北京拥有6家千色造型设计工作室。我擅长商务、婚礼、晚宴、职场等多种场合的造型设计。我曾为××艺人设计发布会造型，获得客户的好评。如果大家有造型方面的问题，欢迎和我交流。

版本二：大家好，我是造型设计师千色。创业10年，我在北京拥有6家千色造型设计工作室，服务了3 000多位客户。为了让更多人拥有更美好的形象、拥抱更美好的未来，我设计了599元造型设计基础班，对造型感兴趣的朋友，可以找我了解。

版本三：我是"90后"造型设计师千色，曾获全国××造型大赛一等奖，累计服务了3 000多位客户。如果你也想更美更有型，欢迎和我聊聊。

2. 标准介绍

可以使用一些自我介绍的固定模板。

昵称：千色。

坐标：浙江温州。

职业：造型设计师。

个人介绍：北京千色造型设计工作室创始人；曾获全国××造型大赛一等奖；曾为艺人××设计发布会现场造型；累计为超3 000位客户进行造型设计。

擅长领域：商务造型设计、高端宴会造型设计、职场造型设计；根据客户的肤色、脸型、气质、场合，搭配发型、妆容、发饰、服装、配饰。

爱好：摄影、花艺。

目前资源：3 000多位职场客户；399~19 999元私人订制造型服务；10个全国造型设计师社群。

目前需求：私域营销技巧学习；个人IP打造。

这类自我介绍模板的优点是逻辑清晰，可以帮助客户快速了解一个人的情况，也可以帮助客户找到感兴趣的话题。

3.长篇介绍

我们可以使用故事写作的方法，进行自我介绍。在写故事时，要注意每一个小成就后面，要跟上一个挫折。简单来说就是，主人公总结经验，战胜挫折，获得更大的成功。如此反复，就形成了一篇故事形式的自我介绍（也被称为"故事名片"）。

大家好，我是"90后"创业者千色，出生在浙江温州的农村家庭。在北京摸爬滚打10年，我终于站稳了脚跟，拥有了6家千色造型设计工作室。

大学没毕业时，我就开始学习造型设计。第一个客户是广场舞的领舞阿姨，后来整个舞蹈队都成了我的客户。

毕业季，我在学校开了第一个简易工作室，帮助校友做求职造型设计，赚到了人生的第一桶金。

毕业后，我拿着这笔钱，和女朋友合开了第一家千色工作室，却因为不会做生意，赔了钱。后来因为性格不合，女朋友和我分开了。

一个偶然的机会，我听到了××老师的造型设计课，于是萌生了想要拜师学艺的想法。虽然父母极力反对，但最终还是被我的真诚打动，借钱让我能够交上学费。

跟随××老师学习的一年，我进步很大，同时也明白了当年创业失败是因为自己的造型技术不过硬，无法获得回头客，也没有客户转介绍。

于是我每天都研究各种场合的造型设计，如痴如狂。终于在全国××造型大赛中获得了一等奖，也因此有资格为艺人××的发布会做造型设计，受到艺人××好评。

第二年我重新开始创业。我一边经营造型工作室，一边在网上分享个人造型经验，一些粉丝慕名前来，找我做造型设计。渐渐地，工作室的生意就火起来了。

回想这段艰难而又充实的创业之路，我觉得自己是幸运的，因为每次跌倒都没有让我一蹶不振，反而让我越挫越勇。更重要的是，这一路我虽然失去了很多，但收获更多。希望每一个追梦人，都能坚持一路奔跑，美梦成真。

4. 价值介绍

如果你想在初次见面时，就向对方推荐你的产品，可以使用价值贡献式的自我介绍。这个方法和我的学员经常使用，效果非常好。

您好，我是私域成交教练，很高兴认识您。

看您在做母婴项目，通过私域营销，是否可以批量成交、提升销售业绩呢？

我有一份《朋友圈自动成交秘籍》，曾经帮助我的学员们变现超过 800 万元。如果您需要的话，送给您作为见面礼吧！回复"666"就可以免费获得……

另外，如果您想"私域成交翻倍"，欢迎关注我的视频号，我将连续 6 天在直播间拆解：《私域成交密码》。回复"888"，原价 1 999 元的课程，可以免费学习。

如果两个都需要，可以回复"666+888"。

这种自我介绍的精髓是，通过赠送与产品或服务相关联的见面礼，从初次认识，就了解对方是否对你的产品有需求。

这份见面礼可以是一篇文章、一份资料、一本电子书、一次服务……无论它是什么，都要和你要售卖的产品紧密相关。

而且，你要设置一个未来可以卖给客户的产品（也被成为后端产品），比如我在赠送《朋友圈自动成交秘籍》时，也会附带一篇很短的销售信，介绍我现在正在做私域成交培训的课程，包括服务内容及优惠的价格。这里选的私域成交课程在我的课程体系中属于引流品，价格相较于其他课程较低，可以在初次见面时就获得成交。

这种价值贡献式的自我介绍文案，可以模仿使用。

9.4.2　批量成交文案：如何一呼百应

一对一私聊虽然可以精准促转化，但是会耗费销售人员的大量时间和精力。如何能一对多批量成交呢？在私域社群（如微信群、QQ群等）快速发展的今天，只需要在社群内发送一段销售文案，就可以达到快速批量成交的效果。

为了快速引起客户的注意，我们可以采用痛点式文案的写法，直击客户的痛点，激发客户的购买欲望。

痛点式文案模板：

特定称呼＋客户遇到的难题＋产品可以带来的美好生活＋购买链接＋产品海报图片。

特定称呼的作用是抓住客户的吸引力，帮助客户对号入座。例如，亲爱的家长朋友们、钓鱼者互助会的朋友们等。值得注意的是，这些称呼要指向明确、态度亲切、体现尊重，这样才可能拉近销售人员与客户的距离。

用简短的一两句话描写出客户的痛点，也就是我们产品能解决的问题。痛点越痛、越高频，客户改变现状的需求越迫切。

产品可以带来的美好生活是什么呢？就是拥有了产品、使用了产品之后，客户能够获得的美好体验。这个体验要与前面写的客户痛点相对应，反差越大，显得未来越美好。注意不要过分渲染、避免夸大其词。

购买链接有利于促进当下成交，在社群中直接给出下单链接，心动的客户可以第一时间下单。这一步不可以省去，不要让客户觉得麻烦，流程越简单，成交率越高。短的链接优于长的网址链接，链接优于二维码。

产品海报的设计，在本书前面介绍过了，这里不再赘述。

家长朋友们，盲目补课，不如科学补脑。

××训练营，可以激发孩子的潜能，揭开孩子高效思维的秘密。让孩子轻松学习，快乐成长。

寻找 10 个免费体验 ×× 训练营的孩子，1 个月让孩子发生改变。

免费体验 1 个月，签约承诺有效果后再付钱。

想体验的可以点击链接报名。

9.4.3　粉丝裂变文案：如何扩大影响力

粉丝裂变并不是一件容易的事情，但是如果配合有吸引力的活动方案和邀约文案，则可以大大提升粉丝参与度，提升订单数量。商家可以把文案发布在社群里，也可以发布在朋友圈或其他宣传渠道。

粉丝裂变邀约模板：

一句话活动亮点介绍 + 活动优惠详情 + 裂变参与方式及福利。

一句话活动亮点相当于文案的标题，要把活动中最吸引人的内容呈现在粉丝眼前，吸引粉丝的注意力。

活动优惠详情的目的是帮助粉丝迅速了解活动内容，包括活动时间、地点、促销产品、客户好评等。在文案的提炼上，要注意逻辑通顺、言简意赅，千万不要长篇大论。

裂变参与方式及福利是邀约粉丝裂变的核心内容。如果参与方式太烦琐，或需要粉丝消耗太多个人资源（例如集赞 188 个），那么很容易让粉丝产生抗拒甚至反感的情绪。同时，福利的设置更要符合粉丝的期待，不能选择对粉丝来说可有可无的东西，而要选择大部分粉丝平时愿意付费购买的产品或者服务，这样粉丝才愿意主动宣传。

【宝贝时光摄影】年终特惠！原价 599 元，现在只要 99 元！

活动时间：10 月 25 日—11 月 20 日。

不容错过的时尚童年回忆！99 元就可以直接拍！宝宝照、孕妈照、时尚大片、亲子照都可以拍摄！

好友同行，另有叠加优惠！三人组队，升级亲子服装拍摄一组！五人组队，升级亲子服装拍摄一组，再送 8 寸摆台一个！

将链接转发至朋友圈，或者晒图宣传本活动，再送 5 张底片！

9.5 电商文案写作

网络购物已成为人们生活中不可或缺的一部分，商家如何在电商平台上进行产品宣传，让产品脱颖而出，也变得至关重要。高转化率的电商文案靠的并不只是运气，更是一套完整的文案表达逻辑。学习了本节的内容，按顺序逐一介绍，就可以写出一篇逻辑通顺、环环相扣、吸引消费者的电商文案。

9.5.1 产品亮点展示

在电商用户浏览产品介绍海报时，只给了每款产品短短几秒钟的展示时间。这段时间里，用户只有被吸引了，才可能下单。如果用户没有看见自己想要看的内容，则会放弃这款产品，转而寻找其他产品。

因此，电商文案的开篇非常重要，要充分展示客户最感兴趣的信息——产品亮点。

什么是产品亮点？可以是产品与其他产品对比后总结出来的突出优势，也可以是该品牌与其他品牌对比后总结出来的核心竞争力，甚至还可以是本店比其他网店做得更好的地方。

值得注意的是，为了方便客户记忆，产品亮点不宜过多，展示突出的一个或者两个就足够了。每一个亮点不能是单纯的优势数据对比，或只有成分罗列、功能介绍，而要总结出这个亮点对客户有什么好处，也就是所谓的销售承诺。

销售承诺在文案撰写中是一个非常重要的概念。它可以从正面和负面两个维度进行展示。正面展示：客户如果使用产品，可能获得什么利益（好处、效果）。负面展示：客户如果没有使用本产品，可能损失什么（机会、财产、健康等）？

我们看一下，优秀的电商文案的开篇，都是如何呈现产品亮点的。例如，一款粉饼的产品亮点是：

宛如天生美肌！毛孔都快看不到了！

这里，"天生美肌"并不是说客户天生皮肤就好，而是做出了正面的销售承诺——使用了这款粉饼以后，可以获得"宛如天生美肌"的视觉效果。

后面一句"毛孔都给看不到了"，是从功能效果的角度出发，解释产品是如何做到"天生美肌"这个结果的。如此描述，这款产品的优势就非常直观地凸显出来了。

关于品牌优势，大品牌的优势相对显著，容易描述，那么不知名的品牌，该怎么办呢？

其实，如果我们分析客户心理，就会发现那些愿意选择非知名品牌产品的客户，其实关心的不是品牌，而是性价比。因此，一款非知名品牌的性价比高，反而会变成它的品牌优势。

例如上面案例中的这款粉饼，就是一款不知名品牌的产品，它的文案该如何描述性价比呢？

××粉饼真的是一款宝藏粉饼！用了它才知道什么是"白菜价"的快乐！

新款有钻石压纹，看起来就很高级。包装上的钻石浮雕花纹很有质感。用一杯奶茶的钱，就能买到它，买到快乐！

只要"白菜价""一杯奶茶的钱"，就可以获得"宝藏""有钻石压纹""高级"的产品，这样的前后对比让产品的性价比更加明显。

那么店铺优势如何展现呢？有一家美妆店铺，在每一款产品的详情页都写了同一段话。

正品保证，假一赔十。本店所有产品只有3个进货途径：专柜、免税店、厂家。所有产品都支持专柜验货。

网络购物时，人们最怕的就是买到假货。因此，打消客户对假货的顾虑，可以大幅度提升文案的转化率。

如果你的店铺也有类似的正品优势，如渠道正规、正品授权、经营多年等，也可以在产品详情页展示。

9.5.2　促销活动的吸引力

客户在快速了解产品亮点后，如果看到这款产品正在参加促销活动，就会觉得现在是适合购买的时刻。为了促使客户下单，可以在电商文案中加入促销活动的文字介绍。

促销活动介绍包括活动主题、活动时间、活动内容、参与人群，这些内容并不需要全部列出，只描述其中的几项也可以。

活动主题的作用是让降价"事出有因"，这样才能让活动时间和产品数量具备双重稀缺性。活动主题可以是庆祝节日（如春节、七夕节、儿童节、中秋节、父亲节、母亲节等），也可以是商家自己创造的主题（如半年庆、周年庆、美妆节、年货节等），还可以是其他合情合理的原因（如清仓特卖、爆款返场、国货专场等）。活动主题不仅要贴合活动内容，更要贴合当时的活动背景，顺势而为，才能事半功倍。

在描述活动内容时，要提炼出核心的促销方案，通常包括折扣（如 3 折起、第二件 8 折等）、赠送（如下单即送 5 重礼、买一赠一等）、满减（如满 199 元立减 25 元等），这些促销力度都非常直观，客户可以直观判断如果现在购买，价格是不是足够实惠。

活动促销可以只是简单的一句话，也可以是一段文字，具体根据活动的实际情况来定。我们看几个例子。

××平台冬季焕新，冬季新品 2 折起。活动时间：10 月 17 日—10 月 19 日。

家居"种草"季，满 1 件 7 折，正品保障。活动时间 3 月 16 日 0:00—3 月 24 日 24:00。

降价啦！领券满 188 元减 10 元。下单满 2 件立享 9 折。

新品上市！热门鞋款低至 5.8 折。

9.5.3 购买需求的刺激

当客户产生"产品还不错""现在买很划算"的意识之后，随之而来的念头就是：它真的能改变我的生活吗？**客户只有对拥有这件产品之后的未来生活足够憧憬时，才会产生购买需求。**因此，商家需要用图文展示拥有这款产品之后，客户的生活会有什么美好的改变。

仿佛按下青春"返回键"，增加年轻光彩。——某日霜

清爽不油，高倍防晒。这个夏天，自然亮白每一天。——某防晒霜

浴室专用，强效杀菌更放心。有效杀菌99.9%，保护你和你的家

人。——某消毒杀菌喷剂

9.5.4　功能卖点的突出

当客户对拥有该产品后的美好生活产生向往后，可能觉得"我需要一款这样的产品"。不过，同类产品众多，为什么选择你推荐的这款产品，而不是其他商家推荐的产品呢？此时，商家需要言简意赅地突出产品在功能上的独特卖点，也就是其产品比别人的产品好在哪里。

例如，某品牌粉饼在描述时就抓住了"不易结块""吸油力强"的特点：

粉质细腻很轻薄，不会结块。叠涂好几次也不会斑驳。轻轻一扑，简直手动磨皮！补妆也很赞，压一压出油的地方，油光消失！

9.5.5　使用场景的描绘

即使千百次心动，客户仍然会心生疑问：我在生活中真的用得到这款产品吗？商家在不知不觉中错失了很多订单，就是因为商家没有明确告诉客户，在客户的众多生活场景中，都需要使用这款产品。因此，产品使用场景的展示非常重要。

例如一款又窄又扁的置物架，到底可以用在什么地方呢？

占地面积小，小户型也不怕。适用于各种场景空间，浴室、厨房、卫生间、卧室都能使用。

钻缝能手，窄道刚刚好。冰箱旁的空间也能利用上，仅16cm宽。

桌面置物，也能轻松收纳。轻松应对浴室忙乱环境。

贴心分层设计，合理收纳不同用品。打造整洁有序的厨卫空间。上层：味精、盐、糖。中间层：油、酱油、醋。底层：小零食、大米。

9.5.6　权威认证

如果在产品介绍中，展示权威机构的认证，可以大大提升产品实力的可信度。例如 2018—2020 年蝉联某电商品牌销量 TOP10、获得年度化妆水称号、获得某平台 ×× 年度最佳产品奖等。注意这些数据要有理有据，真实可信。

荣登三大榜单，中视购物推荐。——某品牌电扇

（三大榜单具体指"静音款空气循环扇热卖榜""静音款空气循环扇热销榜""静音款空气循环扇好评榜。以上数据来源于：天猫榜单 2023 年 5 月 17 日）

9.5.7　行动的紧迫性

电商文案的结尾，是促成交易的重要环节。明确的指令，以及让人怦然心动的促销政策，可以让消费者立刻采取购买行动。

收藏本店，赠送 5 元代金券。

今日下单，可额外获赠 7 份礼品。

现在扫码预定，即可额外获得 ×× 大礼包。明日零点活动结束，购买通道关闭。

9.6 AI 助力的公众号文案写作

9.6.1 AI 文案写作流程与技巧

如何用 AI 进行公众号文案写作呢？其实只要遵照提出写作指令、提出修改指令、提出润色指令的流程（见图 9.6），然后自己加以调整就可以。

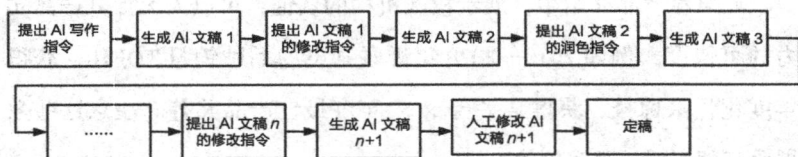

提出 AI 写作指令 → 生成 AI 文稿 1 → 提出 AI 文稿 1 的修改指令 → 生成 AI 文稿 2 → 提出 AI 文稿 2 的润色指令 → 生成 AI 文稿 3

…… → 提出 AI 文稿 n 的修改指令 → 生成 AI 文稿 n+1 → 人工修改 AI 文稿 n+1 → 定稿

图 9.6 AI 写作流程

怎样提出写作指令呢？可以参考下列 AI 指令模型。

我是一名宝妈（**职业或身份**），请写一篇 1 000 字以内（**字数要求**）的公众号文案（**文案类型**），采用第一人称（**写作角度，也可以是第三人称**），向中老年人（**目标客户群体**）推荐一款乳胶枕（**产品名称**）。这款乳胶枕的优点有：①枕芯是泰国进口的，可以查溯源防伪码；②乳胶含量高达 93%；③枕头的曲线顺应颈椎曲线；④枕头的两侧高低不同，根据个人不同睡眠习惯，两侧均可以枕着睡；⑤有很多小孔，吸湿透气，睡觉更香；⑥弹性好，回弹很快，不易变形。（**优势列举**）这款枕头按波浪造型、波浪高度和尺寸，分为低枕、大波浪枕、颗粒枕、狼牙枕。（**产品型号**）价格便宜，仅需要不到 100

元就可以拥有。（价格）

然后 AI 工具帮助我们写出了一篇如下的公众号文案。

亲爱的朋友们，大家好！我是一名宝妈，今天我要向大家推荐一款性价比高的乳胶枕，非常适合中老年人使用。这款乳胶枕的优点有很多，让我一一为大家介绍。

第一，这款乳胶枕的枕芯是泰国进口的，泰国作为乳胶制品的主要产地，其乳胶品质在国际市场上享有很高的声誉。而且，这款乳胶枕还可以查溯源防伪码，让我们用得放心。

第二，这款乳胶枕的乳胶含量高达 93%，高乳胶含量意味着更好的透气性、弹性和耐用性，让我们睡得更加舒适。

第三，这款乳胶枕的曲线设计非常人性化，它能顺应我们的颈椎曲线，有效缓解颈部的压力，让我们在睡眠中也能保护好我们的颈椎。

第四，这款乳胶枕的两侧高低不同，我们可以根据自己的睡眠习惯，选择适合自己的那一侧。无论是喜欢睡高枕还是睡低枕，你都可以在这款乳胶枕上找到适合自己的那一侧。

第五，这款乳胶枕上有很多小孔，这些小孔可以吸收我们睡眠时的汗水，保持枕头的干燥，让我们在睡眠中更加舒适，提高睡眠质量。

第六，这款乳胶枕的弹性非常好，回弹速度很快，不易变形，即使长时间使用，也能保持良好的性能。

这款乳胶枕按照波浪造型、波浪高度和尺寸，分为低枕、大波浪枕、颗粒枕、狼牙枕，可以满足不同年龄段和不同需求的人群。而且，它的价格非常便宜，不到 100 元就可以拥有，性价比很高。

亲爱的朋友们，如果你也想改善自己的睡眠质量，或者你想为你的家人选择一款好的枕头，那么这款乳胶枕绝对是你的不错之选。我强烈推荐给大家，希望每个人都能拥有美好的睡眠，保持身体健康！

这篇文案呈现了基本内容，但是读起来平铺直叙，而且少了很多重要的信息。比如缺乏用户评价，而且枕头的不同版本和适用人群也不够细致，价格没有很吸引人。因此，我们可以让 AI 对这篇文案进行修改。

9.6.2 AI 修改与人工润色

当 AI 帮我们写好文案初稿后，我们可以向 AI 提出修改指令：

请把价格再强调一下，突出性价比。

于是 AI 工具在文稿最后两段进行了修改。

这款乳胶枕按照波浪造型、波浪高度和尺寸，分为低枕、大波浪枕、颗粒枕、狼牙枕，可以满足不同年龄段和不同需求的人群。而且，它的价格非常便宜，不到 100 元就可以拥有，性价比很高。

亲爱的朋友们，如果你也想改善自己的睡眠质量，或者你想为你的家人选择一款好的枕头，那么这款乳胶枕绝对是你的不错之选。我强烈推荐给大家，希望每个人都能拥有美好的睡眠，保持身体健康！记住，这款优质乳胶枕，价格不到 100 元，性价比很高，千万不要错过哦！

修改后的文稿，虽然强调了性价比高，但是缺乏例子。因此，我们可以向 AI 工具提出修改指令：**突出性价比的例子更多一些。**

此时，AI 工具会在文案末尾增加参考案例，但是为了真实性，我们要人工写出现实生活中的案例。

想象一下，市面上许多乳胶枕价格动辄几百元，甚至上千元，而我们的这款乳胶枕，品质卓越，价格不到 100 元，拥有它就能享受到高品质的睡眠体验。这样的性价比，在市场上是难得一见的。

另外，我还想分享一个真实的例子。我的邻居李阿姨，她之前一直使用普通的枕头，睡眠质量很差，经常脖子酸痛。我推荐她使用这款乳胶枕后，她的睡眠质量得到了显著改善，脖子也不再酸痛了。她非常感谢我推荐的这款乳胶枕，说这是她用过的最好的枕头。

因此，亲爱的朋友们，不要犹豫了，赶紧入手这款性价比很高的乳胶枕吧！让我们和家人一起，享受美好的睡眠，拥有健康的身体！记住，不到 100 元，就能拥有这款优质的乳胶枕，赶快行动吧！

现在文稿读起来生动多了，但是还有一个问题，那就是枕头的不同版本分别适用于哪些人群并不清楚。因此，我们可以提出润色指令：**请把枕头的不同版本和适用人群再详细介绍一下。**

亲爱的朋友们，大家好！我是一名宝妈，今天我要向大家详细介绍这款性价比很高的乳胶枕的不同版本和适用人群。这款乳胶枕共有低枕、波浪枕、颗粒枕、狼牙枕 4 个版本，可以满足不同年龄段和不同需求的人群。

低枕：这款乳胶枕适合喜欢睡低枕的人群，枕头高度较低，能够为这类人群提供舒适的睡眠体验，缓解颈部压力。

波浪枕：这款乳胶枕的波浪设计顺应人体颈椎曲线，适合大部分人使用，其独特的大波浪造型可以更好地支撑头部和颈部，让我们睡得更加舒适。

颗粒枕：这款乳胶枕表面有许多颗粒，这些颗粒可以按摩我们的头部和颈部，缓解疲劳，提高睡眠质量，适合经常头痛、颈肩酸痛的人群使用。

狼牙枕：这款乳胶枕的设计独特，枕头上有很多狼牙形状的凸起，这些凸起可以按摩我们的头部和颈部，缓解疲劳，提高睡眠质量，适合喜欢按摩感的人群使用。

总的来说，这款乳胶枕的不同版本可以满足不同年龄段和不同需求的人群。而且，它的价格非常便宜，不到 100 元就可以拥有，性价比很高。如果你也想改善自己的睡眠质量，或者你想为你的家人选择一款好的枕头，那么这款乳胶枕绝对是你的不错之选。希望每个人都能拥有美好的睡眠，保持身体健康！

现在我们需要的文稿内容，基本已经通过 AI 工具写出来了。我们还需要起一个标题，于是我们可以发出指令：**写一个推荐泰国乳胶枕的文案标题，字数不超过 20 字，吸引人。**

AI 工具生成的标题为"泰国乳胶枕，高品质睡眠的秘诀！"

接下来，我们需要把这些信息重新排列组合在一起，让文案逻辑更通顺，更加情真意切。这个工作是现在的 AI 工具无法完成的，需要我们结合本书学过的文案写作的知识，对 AI 文稿进行人工修改。

例如，我们可以按照**故事—产品价值—客户案例—催促行动**的顺序调整文案。

故事。我们要通过一个故事，讲明白我们有什么困惑，我们怎么遇到了这个产品，这个产品给我带来了什么。然后解答我们为什么要分享这个商品，是为了让更多人摆脱同样的烦恼，让更多人受益。

产品价值。这个产品好在哪里？使用以后会有什么样的感受？产品能解决什么问题？这款产品有不同型号，分别适用于哪些人群？

客户案例。哪个人群使用了产品？收获了什么效果？

催促行动。产品现在的价格是多少？现在购买有什么赠品吗？怎样购买呢？

泰国乳胶枕，高品质睡眠的秘诀！

亲爱的朋友们，大家好！我是一名宝妈，因为每天晚上要给孩子喂奶，根本休息不好，我一直被各种睡眠问题困扰着。直到有一天，我忽然发现邻居乐乐妈妈，每天神采奕奕的，做到了带孩子和休息两不误。我好奇地问她，怎么做到精力充沛的？她告诉我说，对于宝妈来说，睡得好才能活力满满地去照顾孩子、去工作。想睡眠质量好，选择一款好枕头太重要了！她每天都是枕着泰国乳胶枕入睡的，睡得特别香，早上起来也神采飞扬。

于是，我试着用了这款泰国乳胶枕。才睡了没几天，就发现自己的精神状态真的比之前好太多了！入睡更轻松，晚上也睡得香。于是，我想把这款带给我好睡眠的泰国乳胶枕分享给更多的朋友，帮助大家一起找回好睡眠。毕竟，一夜好梦对很多人来说是一件奢侈的事情！（故事）

这款泰国乳胶枕的性价比很高，它不仅适合我们这些辛苦的宝妈使用，还非常适合中老年人使用。这款乳胶枕的优点有很多，让我一一为大家介绍。

第一，这款乳胶枕的枕芯是泰国进口的，泰国作为乳胶制品的主要产地，其乳胶品质在国际市场上享有很高的声誉。而且，这款乳胶枕还可以查溯源防伪码，让我们用得放心。

第二，这款乳胶枕的乳胶含量高达 93%，高乳胶含量意味着更好的透气性、弹性和耐用性，让我们睡得更加舒适。

第三，这款乳胶枕的曲线设计非常人性化，它顺应我们的颈椎曲线，有效缓解颈部的压力，让我们在睡眠中也能保护好我们的颈椎。

第四，这款乳胶枕的两侧高低不同，我们可以根据自己的睡眠习惯，选择适合自己的那一侧。无论是喜欢睡高枕还是睡低枕，你都可以在这款乳胶枕上找到适合自己的那一侧。

第五，这款乳胶枕上有很多小孔，这些小孔可以吸收我们睡眠时的汗水，保持枕头的干燥，让我们在睡眠中更加舒适，提高睡眠质量。

第六，这款乳胶枕的弹性非常好，回弹速度很快，不易变形，即使长时间使用，也能保持良好的性能。

你可能会问，这么好的乳胶枕，小孩子可以用吗？家里的老人可以用吗？

为了让更多的朋友能够用上这款乳胶枕，它在版本设计上照顾了不同的人群的不同需求。它一共有 4 个版本：低枕版、波浪枕、颗粒枕、狼牙枕。大家可以根据自己的实际情况，参考下面的介绍，选择适合自己的版本。

低枕版：适合喜欢睡低枕的人群，枕头高度较低，能够为这类人群提供舒适的睡眠体验，缓解颈部压力。

波浪枕：这款乳胶枕的波浪设计能顺应人体颈椎曲线，适合大部分人使用，其独特的波浪造型可以更好地支撑头部和颈部，让我们睡得更加舒适。

颗粒枕：这款乳胶枕表面有许多颗粒，这些颗粒可以按摩我们的头部和颈部，缓解疲劳，提高睡眠质量，适合经常头痛、颈肩酸痛的人群使用。

狼牙枕：这款乳胶枕的设计独特，枕头上有很多狼牙形状的凸起，这些凸起可以按摩我们的头部和颈部，缓解疲劳，提高睡眠质量，适合喜欢按摩感的人群使用。（产品价值）

这款乳胶枕真贴心！不同版本可以满足不同年龄段和不同需求的人群。像我身边就有很多真实的例子。我的邻居李阿姨，她之前一直使用普通的枕头，睡眠质量很差，经常脖子酸痛。我推荐她使用这款乳胶枕后，她的睡眠质量得到了显著改善，脖子也不再酸痛了。她非常感谢我推荐的这款乳胶枕，说这是她用过的最好的枕头。（客户案例）

而且，它的价格非常便宜，不到100元就可以拥有，性价比很高。如果你也想改善自己的睡眠质量，或者你想为你的家人选择一款好的枕头，那么这款乳胶枕绝对是你的不错之选。希望每个人都能拥有美好的睡眠，保持身体健康！

因此，亲爱的朋友们，不要犹豫了，赶紧入手这款性价比很高的乳胶枕吧！让我们和家人一起，享受美好的睡眠，拥有健康的身体！记住，不到100元，就能拥有这款优质的乳胶枕，赶快行动吧！（催促行动）

第 **10** 章

个人品牌：通过朋友圈扩大影响力

每个人都可以拥有自己的个人品牌，朋友圈是重要的私域空间，也是塑造个人品牌的重要阵地。如果掌握了朋友圈布局的方法，撰写文案并将其发布在朋友圈，就可以一步步展示自己的个人魅力和专业成就，建立自己的个人品牌。

通过本章的学习，你将了解到以下内容。

· 朋友圈营销的底层逻辑解析：朋友圈营销不是简单的卖产品，而是展现个人品牌。

· 5 篇朋友圈文案的布局策略：如何通过 5 篇朋友圈文案，快速销售产品。

· 朋友圈文案成交的 3 个导向：如何通过情绪导向、结果导向、超值导向，写出自动成交的朋友圈文案。

10.1 朋友圈营销的底层逻辑解析

朋友圈营销与其他渠道营销最大的不同在于，**客户是基于信任"你"这个人，才愿意尝试购买你推荐的产品，而不只是因为你夸赞自己的产品好。**

因此，朋友圈对于商家来说最重要的作用是让客户在翻看朋友圈时，就知道这个商家靠谱、专业、值得信赖。只有当客户产生了信任，才会选择与商家私聊。

这就解答了很多在朋友圈做生意的商家的困惑：为什么我发了那么多朋友圈广告，没有人主动找我咨询。原因恰恰是他发了太多产品广告，而忽略了对个人品牌的塑造。

那么，如何在朋友圈塑造个人品牌呢？复杂的理论有很多，但底层逻辑只有简单的一句话：

在朋友圈里，你营销的不是你的产品，而是你自己。

你是一个值得信赖的人，那么不管你卖什么，别人都愿意相信你不会骗他，你选的产品是好产品。

只要你的朋友圈内容，是围绕"我做人很靠谱""我做事很专业""我挑选产品时非常用心""找我购买很实惠"这四个维度展开的，你的个人品牌就会慢慢建立起来。

当个人品牌的影响力渐渐形成，你就会收获很多新客户和回头客。

需要注意的是，你的朋友圈的人设一定不能是表演出来的，而是从你的真实生活中提炼出来的。

一个好的朋友圈人设，客户只需要翻看朋友圈几分钟，就可以清楚地知道这些问题的答案。

（1）你大概是什么样的性格，有什么兴趣爱好。

（2）你有哪些专业知识，能解决什么问题。

（3）你是不是很厉害，是不是业务能手、专家。

那么这些内容怎样展示呢？你可以围绕其中的某一个关键词发一条朋友圈，这样你的客户通过你的朋友圈，就会很清楚地明白你是怎样的一个人。

很多人认为我只是普通人，也没有什么突出的才艺或者技能，能拥有个人品牌。事实并非如此。

普通人通过多输入（学习）、多转化（理解）、多输出（实践），会成长为更好的自己。将你成长的过程，多多展示在朋友圈，你就能建立你的个人品牌。

千万不要在朋友圈，通过表演来营造个人品牌。在朋友圈做真实的自己，放松去成长，心不累，成长得也踏实。

当你了解了朋友圈营销的底层逻辑，领悟了"朋友圈核心的作用是解决客户的信任问题"之后，你将会领悟朋友圈更高一层的作用——"通过朋友圈，客户会产生想要和你认识的欲望"。

10.2　5篇朋友圈文案的布局策略

当学会了单篇朋友圈文案怎么写之后，很多人会困惑：我每天应该发些什么内容，才能既塑造我的个人品牌，又有利于我在朋友圈卖货呢？

其实，对于新手来说，每天发布朋友圈的内容不必过多，哪怕只有5篇朋友圈文案，也已经足够了。等到成为文案高手，再调整每天发布的朋友圈数量。不过，对于新手来说，这5篇朋友圈文案的主题规划，十分有讲究——至少1篇关于个人宣传，4篇关于产品宣传。

1篇个人宣传朋友圈文案，围绕"我是一个靠谱的人"或者"我是一个专业的人"展开，可以选择的题材非常多。例如：日常生活分享、专业知识分享、学习展示、获得荣誉展示、团队风采展示等。注意避免自嗨，要从利他、输出正能量的角度去分享。

4篇产品宣传朋友圈文案，则可以以回答问题的形式来写，逐一打消客户心中的疑问。

客户在产生购买行为之前，会问自己4个问题。

（1）为什么要买这款产品？

（2）为什么要买你卖的这款产品？

（3）为什么要从你这里买？

（4）为什么要现在买？

你可以每天用4篇文案，分别回答这4个问题。

我们一个一个问题来看。第1个问题，假如你的产品是一款空调扇，客户为什么要买它呢？我们可以从产品效果来描写。

夏日炎炎，清凉有招！

你的夏日"救星"来啦！

降温、除尘、加湿，三效合一。

××空调扇，与你共享清凉整夏！

这段文案解决了问题1，为什么要买这款产品。

第2个问题，为什么要买你卖的这款产品？

这个问题是问你的产品比同类产品好在哪里？你要帮助客户建立筛选标准，虽然购买其他产品也可以，但你的产品才是最优选择。最优选择和唯一的选择，是不一样的概念。我们要肯定别的选择也有意义，但是自己的产品最能够解决客户的核心问题。

我们可以写如下朋友圈文案。

××空调扇，懂风更懂你。

（1）旋涡风道，大风量，降温更快。

（2）富含健康负离子，每口呼吸都清新。

（3）升级版加湿系统，空调房里不干燥。

（4）智能离线语音，一句唤风来，长辈也会用。

第3个问题，为什么要从你这里买？

如果你是独家代理，或者生产原料源头，那么你要突出你的个人优势。如果同品牌产品有非常多人在卖，就要突出你的专业和服务优势。

例如，这款电风扇的物流配送很快，支持多地次日达服务。那么，这就是你的核心优势之一。我们就可以在朋友圈中写如下文案。

清凉，不必久等。

××空调扇，今天买，明天到。

菜鸟仓就近发货，支持65个城市次日达。

到这一步，即使将在你这里买产品的优势说清楚了，客户还有第4个问题等待解决——为什么要现在买？为了避免我们的努力付之东流，我们要用一篇朋友圈文案，讲明白为什么要现在购买。

价格打折，清凉不打折！

××空调扇，7月感恩回馈。

原价499元，7月31日前购买仅需399元。

还送桌面小风扇一个。快来下单吧！

围绕这4个问题，我们逐一发布朋友圈文案，就可以打消客户的疑虑。每天可以换个角度写这些问题的答案，几天之后，可以翻出来之前写的文案，再发送一遍。这样就形成了良性循环，无论客户哪天看你的朋友圈，都可以解决他心中的疑问，促使他下单。

10.3　朋友圈文案成交的 3 个导向

如何写好自动成交的朋友圈卖货文案，让看到文案的好友向你下单呢？我总结了 3 个重要的文案导向，分享给大家。

1. 情绪导向

朋友圈文案难的是动情。真心实意的感情，高于文字技巧。在你要卖的产品中，融入你的情绪，可以起到化腐朽为神奇的功效。

情绪导向文案模板：

充满情绪的一句话开篇 + 主题明确的短故事 + 呼吁购买。

妈妈，我要喝××牛奶！

前一阵××牛奶卖断货了，于是贝贝睡前都会可怜巴巴地问我：妈妈，什么时候有××牛奶？

我问，咱们喝别的品牌的牛奶行吗？小家伙摇头，坚持要××牛奶。

你不知道，我从小就是喝××牛奶长大的，对它的口味有一种狂热的喜欢！每次喝起来，都超级幸福。

这一点在我家贝贝身上，也有相同的体验。在有××牛奶的选择中，他总会选择××牛奶。

如果你的孩子也喜欢喝牛奶，可以试试××牛奶，营养又美味。快点扫码试试吧！

2. 效果导向

客户在朋友圈买东西，内心有三怕：买到假货、没有效果、买贵了。效果导向的朋友圈文案可以直接打消客户的前两种担心。

客户如果看了朋友圈文案，发现产品效果出众，就会想要自己也尝试使用产品，忍不住想购买。

效果导向文案模板：

展示产品效果的一句话＋展示客户使用场景的短故事＋呼吁下单。

他21天做出同行半年业绩！

小张因为总不开单，差点下岗。听了××老师的私域流量实操课，他一一添加之前的客户为好友，组建社群卖护眼灯和错题打印机，21天卖出了同行半年的业绩！

学习××老师私域流量实操课，手把手教你社群变现的奥秘！

现在扫码支付××元，即可开启私域流量实操课的学习。

3.超值导向

人们会幻想，如果自己花1元可以买到价值10元甚至更值的产品，该有多好！当商家把这个超值产品推到客户眼前，客户就会想立即购买。超值导向文案就有这样的魔力，让客户怦然心动。

超值导向文案模板：

强调超值性的一句话＋情绪饱满地介绍如何超值＋呼吁购买。

这也太划算了吧！

上次"双十一"好不容易买到的××面膜，这次的价格比那时便宜不说，还多赠送了5个精华小样！

链接在这里，要买的快来！